Georg Menting: Die kurze Geschichte des Waldes

Georg Menting

Die kurze Geschichte des Waldes

Plädoyer für eine drastische Kürzung der
nacheiszeitlichen Waldgeschichte

Mantis Verlag
2002

Zum Bild auf der vorangegangenen Seite 3: Es zeigt die Vergrößerung eines Pollenkorns der Sommerlinde (*Tilia platyphyllos*) und stammt aus dem Lehrbuch »Arealkunde – Floristisch-historische Geobotanik« von HERBERT STRAKA. In Moor- und Seeablagerungen gefundene Pollen ermöglichen einen direkten Zugang zur Vegetationsgeschichte, weil sie äußerst widerstandsfähig gegen Zersetzung und zudem auf Gattungs- oder sogar Artniveau identifizierbar sind.

Bibliographische Information Der Deutschen Bibliothek

Menting, Georg:
Die kurze Geschichte des Waldes : Plädoyer für eine drastische Kürzung der nacheiszeitlichen Waldgeschichte (Die Deutsche Bibliothek verzeichnet diese Publikation in der Deutschen Nationalbibliografie; detaillierte bibliografische Daten sind im Internet über http://dnb.ddb.de/ abrufbar).
ISBN 3-928852-23-X

1. Auflage November 2002

Lektorat: Christian Blöss, Berlin
Umschlaggestaltung: Pro Image, Marburg
Herstellung: Difo Druck, Bamberg

Mantis Verlag: D-82166 Gräfelfing, Lenbachstr. 2a
Fax: 089 / 87 139 139 · Email: mantisillig@gmx.de

Vorwort 7

1. Einleitung 13

2. Grundlagen und Methoden der Rekonstruktion der spät- und postglazialen
   Waldgeschichte 17

   2.1 Die Pollen- und Großrestanalyse 17

   2.2 Moor- und Seeablagerungen als paläoökologische Archive und vertikale Zeitmesser 22

   2.2.1 Moorablagerungen 22

   2.2.2 Seeablagerungen 30

   Exkurs 1: Holozäne Moorwachstumsraten des Torfmoores »Grande Pile« in den
   Vogesen 34

   2.3 Radiokarbonmethode und Dendrochronologie 36

   2.4 Methodische Grundlagen der vorliegenden Untersuchung 40

3. Die spät- und postglaziale Waldgeschichte Mitteleuropas aus konventioneller
   Sicht 43

   3.1 Die eiszeitlichen Refugialgebiete der Gehölze 43

   3.2 Grundzüge der spät- und postglazialen Ausbreitung der Gehölze 46

   3.3 Die zeitliche Gliederung der spät- und postglazialen Waldgeschichte in stratigraphische
   Zonen 49

   3.4 Die absolute Altersbestimmung der spät- und postglazialen Waldgeschichte 55

4. Das konventionelle Szenario der spät- und postglazialen Waldgeschichte auf
   dem Prüfstand 63

   4.1 Die Bedeutung der waldgeschichtlichen Faktoren natürliche Besiedlung,
   Bodenentwicklung, Wanderungsverhalten und Ausbreitung 64

   4.1.1 Die natürliche Besiedlung eines Standortes und die Bodenentwicklung 64

   4.1.2 Das Wanderungsverhalten der Gehölze und ihre Wegstrecke aus den
   Refugialgebieten 69

   4.1.3 Die Ausbreitung der Gehölze nach ihrer Einwanderung 73

   4.2 Die Bedeutung des waldgeschichtlichen Faktors Klima 76

   4.2.1 Ergebnisse der Sauerstoff-Isotopenanalyse von Tiefsee- und Eisbohrkernen 79

   4.2.2 Ergebnisse archäohistorischer, moorstratigraphischer und dendrochronologischer
   Untersuchungen 83

   Exkurs 2: Fiktive Jahrhunderte im Mittelalter 92

   4.2.3 Klimaänderungen und Waldgeschichte 93

   4.3 Die Bedeutung des waldgeschichtlichen Faktors Mensch 95

   4.3.1 Jungpaläolithikum 97

   4.3.2 Mesolithikum 98

   4.3.3 Neolithikum, Bronze- und vorrömische Eisenzeit 101

5. Auflösung von Rätseln und Verwunderungen der spät- und postglazialen Waldgeschichte 105

5.1 Der plötzliche Rückgang der Ulmen zu Beginn des Subboreals 105

5.2 Das späte Vordringen der Buche im Subboreal und Subatlantikum 111

5.3 Weitere Beispiele für das rätselhafte Wanderungsverhalten der Gehölze 119

6. Zusammenfassung und Ausblick 126

7. Anhänge 129

7.1 Überblick über die Entwicklung naturgeschichtlicher Erklärungsmodelle und chronologiekritischer Ansätze 129

7.2 Die Theorie der kosmischen Katastrophen von Immanuel Velikovsky 135

7.3 Klimaschaukel im Nordatlantik 138

Glossar 144

Abbildungsverzeichnis 153

Literatur 155

Personen- und Sachregister 165

IT&W · Verlagsprogramm 171

Mantis Verlag · Verlagsprogramm 172

Vorwort

Keine Frage, der Wald macht Probleme! Aber nicht so sehr mit seinem Sterben, wie die meisten Leser jetzt vermuten werden, sondern mit seiner Geschichte. Während sich die immer noch populären ›Waldsterbens-Szenarien‹ zunehmend als einer der größten wissenschaftlichen Irrtümer, ja sogar als eine Irreführung herausstellen, führt ein anderes, vielleicht das eigentliche und größte Problem des mitteleuropäischen Waldes, nämlich das seiner nacheiszeitlichen Entstehung, bis heute ein Schattendasein, das bestenfalls weit jenseits des öffentlichen Interesses in peripheren Teilen der Fachliteratur diskutiert wird. Natürlich gibt es großartige Werke [z. B. FIRBAS 1949] oder auch spätere Trivialisierungen [z. B. KÜSTER 1998], in denen die Geschichte des mitteleuropäischen Waldes nach dem Abschmelzen der eiszeitlichen Gletscher dargestellt wird. Doch die meisten populären wie fachwissenschaftlichen Veröffentlichungen kranken an dem selben Defizit, nämlich einer fast vollständigen Ausklammerung fundamentaler chronologischer Fragestellungen.

Aber ist die Chronologie überhaupt noch ein ernsthaft zu diskutierendes Problem? Sind die ersten Schätzungen des Zeitraums, der seit dem Schwinden der eiszeitlichen Gletscher vergangen ist, nicht durch verschiedenste als exakt geltende naturwissenschaftliche Datierungsmethoden überprüft und weitgehend bestätigt worden? Und steht die üblicherweise mit 15.000 Jahren angesetzte Dauer der spät- und nacheiszeitlichen Waldgeschichte nicht wie ein granitener Fels in der Brandung der wissenschaftlichen Meinungen, an dem selbst heftige Stürme nur unerhebliche Veränderungen bewirken können?

Auch wenn es die meisten Leser überraschen mag, die Chronologie und folglich auch die ihr zugrunde liegenden naturwissenschaftlichen Datierungsmethoden und Altersbestimmungen sind ein Problem! Und dass sie dies sind, erfährt man normalerweise nicht in der einschlägigen Fachliteratur, sondern in Veröffentlichungen von zumeist außerakademisch angesiedelten Chronologiekritikern. Die Erfahrung zeigt, dass jeder, der sich für Geschichte interessiert und bei dem die üblichen Geschichtsdarstellungen Zweifel oder gar ›Bauchgrimmen‹ erzeugen, früher oder später auf diese chronologiekritische Literatur stößt.

Dass ich schon relativ früh auf diese Literatur aufmerksam geworden bin, hängt nicht zuletzt mit meiner Studiengeschichte zusammen. Ich habe an zwei verschiedenen Universitäten, nämlich in Münster und Basel, Geographie, genauer gesagt Landschafts- und Geoökologie studiert. Die Geographie zählt zu den sogenannten diffusen, ›volkswissenschaftlichen‹ Universitätsdisziplinen. So kann man Wissenschaften bezeichnen, die zu einem erheblichen Teil aus vorwissenschaftlichen, d. h. der Alltagswelt nahestehenden Begriffsapparaten und Forschungsstrategien bestehen. Häufig erscheinen sie gerade deshalb einem außerwissenschaftlichen Laienpublikum als intellektuell attraktiv und ästhetisch reizvoll. Im Verlauf meines Studiums musste ich aber feststellen, dass die Chancen und Gefahren, die mit einer solchen Disziplin verbunden sind, von dem weitaus überwiegenden Teil der Dozenten ignoriert wurden. Daher interessierte ich mich schon früh weniger für die fachlichen Inhalte meiner ›Mutterdisziplin‹ als für deren wissenschaftstheoretische Grundlagen. Dabei bin ich z. B. auf den vom wissenschaftlichen Establishment gefürchteten, inzwischen verstorbenen Wissenschaftsphilosophen PAUL FEYERABEND und den in weiten Teilen des geographischen Establishment ebenso wenig beliebten Geographen und Disziplintheoretiker GERHARD HARD aufmerksam geworden. Die Auseinandersetzung mit den Texten dieser Autoren bestärkte mich darin, meine Zweifel an den disziplinären Lehrinhalten ernst zu nehmen, sie nicht als persönliche Schwäche aufzufassen, sondern produktiv aufzuarbeiten.

Kurz vor dem Abschluss meines Studiums stieß ich in einem Leserbrief in der Basler Zeitung zufällig auf eine Bemerkung, die mir zum heiteren Leitmotiv meiner ernsthaften Auseinandersetzung mit den universitären Mainstream-Theorien geworden ist: »Es hieße die Qualitäten der Käsereien beschämen, sie mit den Quackeleien an den Universitäten zu vergleichen. Lassen wir uns doch erst mal Arbeiten rationalen Forschens vorlegen, bevor wir daran denken, die Universitäten weiterzuführen«. Ich fand heraus, dass der Leserbrief von einem exzellenten Computerfachmann und streitbaren Chronologiekritiker namens CHRISTOPH MARX stammte, der sehr erbost darüber war, dass ein Basler Geographieprofessor sich angemaßt hatte, in einer Glosse ernsthaft zu beklagen, die Schweiz investiere zur Erhaltung eines hohen Qualitätsstandards mehr Geld in ihre Käsereien als in ihre Universitäten. Als ich den Autor des Leserbriefs nach den Gründen seines vernichtenden Urteils über die Universitäten befragte, drückte er mir zwei Bücher des mir bis dahin völlig unbekannten IMMANUEL VELIKOVSKY in die Hand, dem – wie sich später herausstellte – wohl bedeutendsten Chronologiekritiker des letzten Jahrhunderts. Im völligen Widerspruch zur schulwissenschaftlichen Forschung bezweifelte VELIKOVSKY die unermesslich langen geologischen Zeiträume und postulierte noch für die jüngste erdgeschichtliche Vergangenheit verheerende kosmische Katastrophen. Eine zusammenfassende Darstellung zu VELIKOVSKYS »Theorie der kosmischen Katastrophen« befindet sich in Kapitel 7.2 im Anhang.

Von dieser ersten Begegnung mit der Chronologiekritik war es dann nicht mehr weit bis zur chronologiekritischen Auseinandersetzung mit der nacheiszeitlichen Waldgeschichte. So hatte ich während meines Studienaufenthaltes in Basel Lehrveranstaltungen des Geobotanikers HEINRICH ZOLLER besucht. Am meisten beeindruckt hatte mich dabei ein von der belgischen Botanikerin GENEVIÈVE WOILLARD ausgewertetes und in der vegetations- und klimageschichtlichen Literatur häufig zitiertes Pollenprofil aus dem Torfmoor »Grande Pile« in den Vogesen. Die dem Pollenprofil zugrunde liegenden, fast 20 m mächtigen Moorablagerungen hatten sich seit dem Ende der vorletzten Eiszeit – was einem konventionell datierten Alter von ca. 140.000 Jahren entspricht – weitgehend ungestört entwickeln können. Dieses außergewöhnliche Pollenprofil hat mich schon früh angeregt, zu fragen, ob es nicht eine viel kürzere Geschichte erzählt als üblicherweise angenommen wird (siehe Exkurs 1 am Ende von Kapitel 2.2.2).

Im vorliegenden Buch habe ich mich darauf konzentriert, die Vegetationsentwicklung in den letzten 15.000 Jahren, dem sogenannten Spät- und Postglazial, chronologiekritisch zu untersuchen. Es spricht allerdings wenig dagegen, gewisse Grundzüge meiner Untersuchung auf die letzten 140.000 Jahre oder auch auf die gesamte derzeit mit 2,4 Millionen Jahren geschätzte Dauer des Eiszeitalters zu übertragen. Vom interessierten Leser wünsche ich mir, dass er dem hier vorgelegten Entwurf einer zeitlich verkürzten nacheiszeitlichen Waldgeschichte zunächst einmal wohlwollend folgt und sich dieser Untersuchung nicht durch ein vorschnelles, vom wissenschaftlichen Mainstream inspiriertes Urteil verschließt. Für eine solche Einstellung gibt es gute Gründe: Erstens ist der von mir favorisierte Ablauf der nacheiszeitlichen Wiederbewaldung noch nie ernsthaft geprüft worden, obwohl das den Vegetationsgeschichtlern vorliegende Datenmaterial durchaus verschiedene Interpretationen zulässt; zweitens kann meine Interpretation des waldgeschichtlichen Daten-

materials durch keine der derzeit in den naturgeschichtlichen Disziplinen verwendeten Datierungsmethoden widerlegt werden. In Kapitel 2.3 wird nämlich
gezeigt, dass sämtliche in den naturgeschichtlichen Disziplinen als exakt geltenden Altersbestimmungsmethoden über Zirkelschlüsse verknüpft sind. Dies
bedeutet, dass die konventionellen Vegetationsgeschichtler die lange Geschichte der nacheiszeitlichen Wiederbewaldung bei der Interpretation des
waldgeschichtlichen Datenmaterials allzu selbstverständlich voraussetzen und
die ›wahre‹ Geschichte des Waldes noch geschrieben werden muss.

In der wissenschaftskritischen Literatur gibt es viele Autoren, die den
Mund etwas voll nehmen, in dem sie behaupten, ihr Buch würde das Bewusstsein der Leser verändern [z. B. ZILLMER 2001]. Von solcherlei Selbstge-
fälligkeiten möchte ich mich hier distanzieren. Ich hoffe aber, dass sich bei
dem einen oder anderen Leser nach der Lektüre dieses Buches nachhaltige
Zweifel an den universellen Wahrheitsansprüchen der Hochschulwissenschaften einstellen. Eine gewisse Skepsis gegenüber deren Erklärungsmodellen ist
im übrigen die Voraussetzung dafür, um für sich – sei man nun Experte oder
wissenschaftlich interessierter Laie – ein Stück intellektuelle Freiheit zu wahren. Seitens der Schulwissenschaftler, die sich in der Öffentlichkeit gerne als
unkorrumpierbare Hüter der reinen Lehre darstellen, wird in diesem Zusammenhang schon seit Jahren ein Abdriften zu esoterischen, präastronautischen,
religiösen oder anderen irrationalen Weltinterpretationen beklagt. Selten wird
dabei in Betracht gezogen, dass auch die Hochschulwissenschaften mit ihrem
starrsinnigen Festhalten an überkommenen, teilweise noch aus dem vorletzten
Jahrhundert stammenden Grundprinzipien selbst Anzeichen von irrationalem
Verhalten zeigen. Überdies erweckt der Normalbetrieb der naturwissenschaftlichen Forschung oft den Anschein, als sorgten sich viele Schulwissenschaftler mehr um die Aufrechterhaltung staatlicher Alimentierung als um eine seri-
öse Datenbasis für ihre Forschungsprojekte.

Mit dem Ziel, eine möglichst breite Öffentlichkeit für sich zu gewinnen,
sind zwischenzeitlich auch die Geologen, Paläontologen und Paläoanthropo-
logen dazu übergangen, ihre aktuellen Forschungsergebnisse und Theorien in
pathetische oder gar theatralische Geschichten der Erkenntnissuche einzubin-
den und medienwirksam zu präsentieren. Allerdings werden in diesen Geschichten bei nüchterner Betrachtung – trotz aller faszinierenden Fortschritte
in der Forschungstechnologie – doch sehr oft nur Detailproblemchen gelöst,
während viele zentrale Fragen bezüglich des Ablaufs der Menschheits- und

Naturgeschichte unbeantwortet bleiben. Und statt gesicherter Befunde rücken immer häufiger persönliche Befindlichkeiten oder finanzielle Interessen in den Vordergrund. Um mit PAUL FEYERABEND [1976, 261] zu reden:»Die Wissenschaft des späten 20. Jahrhundert hat im Gegensatz zu der Wissenschaft, die ihr unmittelbar vorausging, jeden philosophischen Ehrgeiz aufgegeben und ist ein mächtiges Geschäft geworden, das das Bewusstsein der in ihm Tätigen beeinflusst. Gute Bezahlung, ein gutes Verhältnis zum Chef und den Kollegen in der ›Abteilung‹ sind die Hauptziele dieser menschlichen Ameisen, die sich bei der Lösung winziger Probleme hervortun, aber mit nichts etwas anfangen können, das über ihren Fachbereich hinausgeht«. Hier kann nur ein allgemeiner Rückgang der Wissenschaftsgläubigkeit die Wissenschaftler zwingen, sich wieder auf ihre eigentliche Aufgabe, nämlich dem Streben nach Wahrheit, zu konzentrieren.

Die hier vorgestellte »Kurze Geschichte des Waldes« ist ein längst überfälliger, von einer gewissen ›philosophischen Reflexion‹ begleiteter Gegenentwurf zu den üblichen schulwissenschaftlichen Produkten. Selbst wenn sich dieser Entwurf in der hier vorgetragenen Radikalität inhaltlich als etwas überzogen erweisen sollte, blieb er doch ein konstruktiver Beitrag zur Wissenschaftskritik, weil er die bisher vielfach unterschlagene Vieldeutigkeit des empirischen Materials in den Mittelpunkt der Diskussion rückt. Die genannte ›philosophische Reflexion‹ führt u. a. dazu, dass ich, statt sofort mit einer Mainstream-Theorie für die Deutung des empirischen Datenmaterial zu beginnen, zuerst ein deutliches Bild von den ›Tatsachen‹ geben werde, die erklärt werden sollen. In diesem Buch werden daher nicht nur die hinlänglich bekannten Beobachtungen in den Mittelpunkt gerückt, welche die klassischen Vorstellungen von der nacheiszeitlichen Wiederbewaldung stützen, sondern gleichermaßen diejenigen, die sie in Frage stellen. Schließlich sollte der einzige Grund, aus dem Wissenschaftler an eine Theorie glauben, der sein, dass sie ihnen hilft, gewisse Dinge zu erklären, die sie vorher nicht erklären konnten. Und genau diese wichtige Funktion von Theorien wird nicht nur in populär- sondern auch in fachwissenschaftlichen Veröffentlichungen viel zu häufig unterschlagen, vor allem auch damit, dass nur diejenigen ›Tatsachen‹ angeführt werden, die die favorisierten ›anschaulichen‹ Modelle stützen [vgl. hierzu auch HARD 1982, 73ff.].

THOMAS S. KUHN hat in seinem berühmten Buch »Die Struktur wissenschaftlicher Revolutionen« [1967] den Ausdruck »Normalwissenschaft« bzw.

»normalwissenschaftlicher Forschungsbetrieb« geprägt. Gemeint ist damit ein Wissenschaftsbetrieb, der aufgrund gewisser Prämissen und Vorbilder, die im Rahmen eines bestehenden Paradigmas (Erklärungsmodells) vorgegeben sind, auf bereits vielfach erprobte Weise, noch anstehende Probleme zu lösen versucht. Während des normalwissenschaftlichen Forschungsbetriebes sammelt sich oft eine Unmenge von sogenannten Anomalien, d. h. im Rahmen des bestehenden Paradigmas nicht lösbarer ›Rätsel‹ an. Um diese Rätsel pflegt ein normalwissenschaftlicher Betrieb große, möglichst elegante Bögen zu machen. Je länger ein Paradigma herrscht und je mehr Rätsel sich angesammelt haben, um so notweniger wird aber zur Überprüfung des bestehenden Paradigmas eine Korrekturstrategie. Diese sollte erstens darin bestehen, das Bewusstsein für die angefallenen Anomalien wieder in vollem Umfang herzustellen und zweitens daran, zu erinnern, dass diese Anomalien zwar nicht im bestehenden Rahmen, aber vielleicht durch alternative Theorien bewältigt werden können. Wenn der Leser will, kann er die folgende Untersuchung als eine Korrekturstrategie auffassen, die Anomalien und alternative Lösungen aufzeigt und akzentuiert.

Ich habe mich bemüht, meine Geschichte über den Ablauf der nacheiszeitlichen Wiederbewaldung so zu erzählen, dass ihr nicht nur Fachwissenschaftler, sondern auch interessierte Laien ohne Kenntnis der Spezialliteratur folgen können. Sollte der Leser trotzdem über den ein oder anderen, nicht im direkten Umfeld erklärten Fachbegriff stolpern, so empfehle ich einen Blick in das Glossar am Ende des Buches. Ferner habe ich in dieses Buch bewusst viele Querverweise auf ernstzunehmende chronologie- und wissenschaftskritische Literatur aufgenommen, um interessierten Lesern einen einfachen Zugang zu solchen, vom wissenschaftlichen Establishment weitgehend ignorierten oder gar unterdrückten Literaturtiteln zu ermöglichen. Diejenigen Leser, die sich vor dem ›Einstieg‹ in die Waldgeschichte zunächst einen »Überblick über die Entwicklung der naturgeschichtlichen Erklärungsmodelle und chronologiekritischer Ansätze« verschaffen möchten, sollten vor Beginn der Lektüre der folgenden Kapitel das gleichnamige Kapitel 7.1 im Anhang lesen.

Georg Menting
Lippstadt, Oktober 2002

1. Einleitung

Die Dauer des Spät- und Postglazials, d. h. der Spät- und Nacheiszeit wird in der herrschenden Lehre auf ca. 15.000 Jahre geschätzt. In diesem Buch werde ich anhand der spät- und vor allem postglazialen Waldgeschichte zeigen, dass deren empirische Datenlage auf eine erheblich kürzere Zeitspanne seit dem Abschmelzen der eiszeitlichen Gletscher hindeutet. Schon zu Beginn möchte ich darauf hinweisen, dass durch eine Kürzung der nacheiszeitlichen Waldgeschichte wichtige Ergebnisse chronologiekritischer und an harter empirischer Evidenz orientierter Untersuchungen zur jüngeren Menschheitsgeschichte bestätigt werden [vgl. hierzu z. B. ILLIG 1988; HEINSOHN 2000].

Mein Ansatz, die mitteleuropäische Waldgeschichte auf notwendige Zeitkürzungen hin zu durchforsten, basiert auf der Sichtung einer umfangreichen quartärbotanischen Lehrbuch-, Standard- und Forschungsliteratur. Schon bei der Sichtung der Lehrbuch- und Standardliteratur hat mich die Vielzahl der ›Ungeklärtheiten‹ und ›Ungereimtheiten‹ überrascht, auf die ich gestoßen bin. Dies verwundert, weil normalerweise in Lehrbüchern und Standardwerken auch umstrittene Hypothesen der Forschungsliteratur zu ›Fakten‹ gemacht werden und deshalb die jeweilige Forschungsdiskussion oft nur sehr geglättet und geschönt dargestellt wird. Auffällig ist auch, dass in der älteren vegetationsgeschichtlichen Literatur viel ausführlicher über ungeklärte Probleme bezüglich der Zeitschiene berichtet und diskutiert wird als in der Literatur jüngeren Datums. In der letzteren besteht nämlich die Tendenz, gravierende Anomalien im Ablauf der nacheiszeitlichen Wiederbewaldung als undiskutiertes Faktum zu akzeptieren oder sogar einfach zu übergehen.

Die Ursache für das abnehmende Problembewusstsein der Vegetationsgeschichtler ist wohl darin zu suchen, dass die ältere Generation von Quartärbotanikern, die sich noch nicht vollständig im Zangengriff der als exakt geltenden Altersbestimmungsmethoden befunden hat, es nicht versäumte, auch die aus ihrer Sicht auf Anhieb plausiblen, alternativen Theorien für das vegetationsgeschichtliche Datenmaterial zu diskutieren. Dies gilt insbesondere für die Vegetationsgeschichtler FRANZ FIRBAS (1902-1964) mit seinem klassischen »Spät- und nacheiszeitliche Waldgeschichte Mitteleuropas nördlich der Alpen« [1949, vgl. **Abb. 1.1**] und KARL RUDOLPH (1881-1937) mit seinem bedeutenden Aufsatz »Grundzüge der nacheiszeitlichen Waldgeschichte Mitteleuropas« [1931]. Im Unterschied zu ihren Schülern und Nachfolgern haben

Abb. 1.1: Die »Waldgeschichte Mitteleuropas«, das klassiche Werk von FRANZ FIRBAS, besteht aus zwei Teilen. Erster Band: Allgemeine Waldgeschichte; Zweiter Band: Waldgeschichte der einzelnen Landschaften.

Spät- und nacheiszeitliche
Waldgeschichte Mitteleuropas
nördlich der Alpen

Von

Dr. Franz Firbas
Professor der Botanik an der Universität Göttingen

Erster Band:

Allgemeine Waldgeschichte

Mit 163 Abbildungen im Text

Verlag von Gustav Fischer in Jena
1949

sich diese Forscher nicht gescheut, die vielen ungelösten waldgeschichtlichen Probleme und Rätsel beim Namen zu nennen. Ein solches Problembewusstsein ist für die jüngere Generation von Quartärbotanikern, die sich dem Diktat der Zeitbestimmungsmethoden fast völlig unterworfen hat und dazu neigt, die Probleme und Rätsel als gelöst zu betrachten, allenfalls noch von forschungsgeschichtlichem Interesse.

Erstaunlich ist hier die Bereitwilligkeit, mit der das ›Zeitdiktat‹ als absolutes Faktum akzeptiert und der ›gesunde quartärbotanische Menschenverstand‹ zugunsten einer vieldeutigen und widersprüchlichen Theoriebildung, die mehr errät als erklärt, ausgeschaltet wird. Fast widerstandslos erliegen die Quartärbotaniker dem spärlichen Charme einer langen Geschichte der Zeit und lassen die Quartärbotanik in weiten Teilen zu einer Ansammlung von bedeutungsarmen Einzelfallbeschreibungen ohne jeglichen philosophischen Weitblick verkommen. Da kein Vegetationsgeschichtler den Mut aufbringt, das ›Zeitdiktat‹ in Frage zustellen, muss die Quartärbotanik in der zentralen Frage nach den Ursachen der nacheiszeitlichen Waldentwicklung vor lauter Merkwürdigkeiten, die – wie noch zu zeigen sein wird – oft durch die überdehnte Zeitschiene verursacht worden sind, auf plausible und allgemeingültige Lösungsansätze verzichten.

Abb. 2.1: Pollenkörner der wichtigsten Laubhölzer. 1 = Schwarzerle (*Alnus glutinosa*), a mit 5, b mit 4 Poren; 2 = Grauerle (*Alnus incana*), a mit 5, b mit 4 Poren; 3 = Hängebirke (*Betula pendula*); 4 = Zwergbirke (*Betula nana*); 5 = Hasel (*Corylus avellana*), a Äquatoransicht, b Polansicht; 6 = Hainbuche (*Carpinus betulus*), a mit 4, b mit 3 Poren; 7 = Stieleiche (*Quercus robur*), a Äquatoransicht, b Polansicht, etwas schräg; 8 = Bergulme (*Ulmus glabra*); 9 = Flatterulme (*Ulmus laevis*); 10 = Winterlinde (*Tilia cordata*); 11 = Sommerlinde (*Tilia platyphyllos*); 12 = Esche (*Fraxinus excelsior*), a Äquatoransicht, b Polansicht; 13 = Salweide (*Salix caprea*); 14 = Rotbuche (*Fagus sylvatica*), a Äquatoransicht, b Polansicht; 15 = Walnuss (*Juglans regia*); 16 = Esskastanie (*Castanea sativa*), a Äquatoransicht, b Polansicht [nach OVERBECK aus STRAKA 1970, 66].

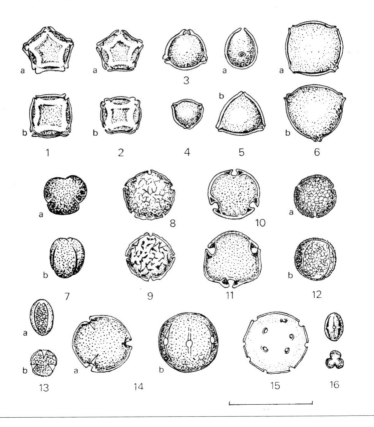

2. Grundlagen und Methoden der Rekonstruktion der spät- und postglazialen Waldgeschichte

2.1 Die Pollen- und Großrestanalyse

Die Kenntnis der spät- und postglazialen Vegetationsgeschichte beruht im wesentlichen auf pollenanalytische Untersuchungen von Moor- und Seeablagerungen, die etwa seit Beginn des letzten Jahrhunderts von Vegetationsgeschichtlern durchgeführt werden. Aufgrund der großen Bedeutung der Pollenanalytik für die Rekonstruktion der Waldgeschichte sollen ihre Grundlagen und Methoden im Folgenden ausführlich dargestellt werden.

Unter Pollen versteht man bekanntlich jenen Blütenstaub, der bei Blütenpflanzen in den Pollensäcken (männlich) der Staubblätter gebildet wird und der bei der Bestäubung auf die Narbe (weiblich) gelangt. Dort wächst er mittels eines Pollenschlauches in das Ovar, wo es durch die Verschmelzung von Pollenkern und Eizelle zur Befruchtung kommt. Für den Vegetationsgeschichtler sind Pollen (aber auch Sporen und Mikrosporen von Farnpflanzen und Moosen) von Interesse, weil sie in Sedimenten oder Torfen unter Luftabschluss eingeschlossen über Jahrtausende extrem gut erhalten bleiben. Die äußere Zellwandschicht von Sporomorphen (= Pollen und Sporen) besteht nämlich aus Sporopollenin, einem der widerstandsfähigsten Stoffe im Pflanzenreich, der selbst gegen starke Laugen und Säuren resistent ist; anfällig zeigt er sich jedoch gegen die Oxydation durch Luftsauerstoff.

Obwohl Sporomorphen äußerst klein sind (zwischen 2 und 300 Tausendstel Millimeter), kann man sie im Mikroskop auf Pflanzenfamilien-, Gattungs- oder sogar Artengruppen- und Artniveau identifizieren (vgl. **Abb. 2.1**). Auch bei Sporomorphen, die nur auf Gattungsniveau identifizierbar sind, kann aber auf die Art geschlossen werden, wenn die betreffende Gattung nur mit einer Art in dem untersuchten Gebiet vorkommt. Dies trifft für viele in Mitteleuropa bestandsbildende Bäume, wie z. B. die Rotbuche (*Fagus sylvatica*), die Fichte (*Picea abies*) oder Hainbuche (*Carpinus betulus*) zu. In Moor- oder Seeablagerungen gefundene Pollen oder Sporen können daher als aussagekräftige Mikrofossilien betrachtet werden. Sie ermöglichen den Vegetationsgeschichtlern einen relativ direkten Zugang zur Vegetation der erdgeschichtlichen Vergangenheit in der – wie noch zu zeigen sein wird – näheren und weiteren Umgebung des jeweils untersuchten Moors oder Sees. Die Pollenanaly-

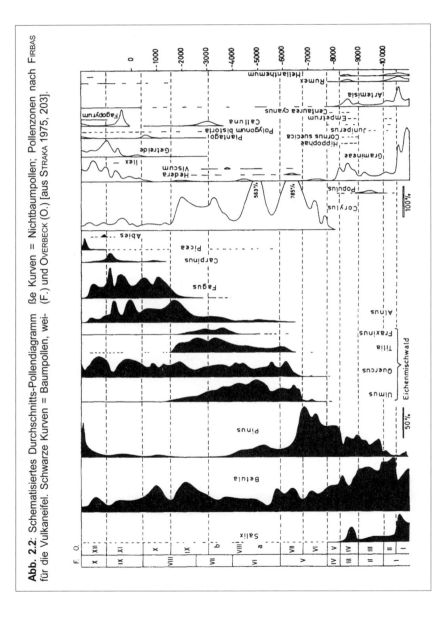

Abb. 2.2: Schematisiertes Durchschnitts-Pollendiagramm ße Kurven = Nichtbaumpollen; Pollenzonen nach Firbas für die Vulkaneifel. Schwarze Kurven = Baumpollen, wei- (F.) und Overbeck (O.) [aus Straka 1975, 203].

se (auch »Palynologie« von griechisch *palynein* = Staub streuen genannt) hat sich in den letzten Jahrzehnten zu einer der wichtigsten paläoökologischen Methoden entwickelt [LITT 2000, 49].

Unter Pollenanalytik versteht man Pollen- und Sporenzählungen an Probereihen, die in dichter vertikaler Reihenfolge aus Sediment- und Moorablagerungen entnommen werden. Um statistisch abgesicherte Ergebnisse zu haben, müssen jeweils einige hundert Pollenkörner bzw. Sporen je Probe ausgezählt werden. Die Ergebnisse solcher Zählungen werden in Pollenprozentdiagrammen dargestellt, wobei in der Darstellung soweit wie möglich auf Gattungs- oder sogar Artniveau differenziert wird (vgl. **Abb. 2.2**). Davon abweichend wurden bei den Bäumen des Eichenmischwaldes (Eichen, Ulmen, Linden, Eschen und Ahorn) bis zu Beginn der sechziger Jahre des letzten Jahrhunderts die Pollen häufig aufsummiert und als Vegetationskomplex behandelt. In Pollendiagrammen jüngeren Datums werden jedoch meistens die Bäume des Eichenmischwaldes jedoch meistens separat dargestellt, um paläoökologische Schlüsse aus der Zusammensetzung der ehemaligen Laubwaldgesellschaften ziehen zu können.

Ergänzt wird die Pollenanalytik durch die Bestimmung von Großresten oder Makrofossilien (Samen, Nadeln, Knospenschuppen oder andere Pflanzenreste), die sich ebenfalls in Moor- und Seeablagerungen finden lassen. Da pflanzliche Makroreste nur in Ausnahmefällen sehr weit transportiert werden, kann mit Hilfe von Makrofossilien auf die Anwesenheit einer bestimmten Art oder Gattung in der unmittelbaren Umgebung der Fundstelle geschlossen werden, während Pollen vorwiegend die Vegetationsentwicklung in der weiteren Umgebung der Fundstelle widerspiegeln. Pollenanalytische Untersuchungen haben gegenüber makropaläobotanischen Befunden allerdings den Vorteil, dass Pollen eine bessere Erhaltungs- und Erfassungsfähigkeit haben. Darüber hinaus ermöglicht das massenhafte Auftreten von Pollen die Anwendung quantitativer Methoden.

Der Pollenniederschlag kann allerdings nur ein mehr oder weniger verzerrtes Bild der pollenerzeugenden Vegetation wiedergeben: Die Zusammensetzung des fossilen Pollenniederschlages ist beeinflusst durch die unterschiedliche Pollenproduktion (z. B. produziert ein Haselstrauch mit ca. 4.000.000 Pollen pro männlichen Blütenstand insgesamt etwa 14mal soviel Pollen als eine Buche), den Pollentransport (Lokal-, Regional- und Ferntransport; vgl. **Abb. 2.3**) und die unterschiedliche Erhaltungsfähigkeit der Pollen

Abb. 2.3: Modell des Pollentransportes und der -ablagerung in einem bewaldeten Gebiet. a = Durchmesser der Lagerstätte (See), der mitentscheidend für die Zusammensetzung des Pollenniederschlags aus den verschiedenen Komponenten ist. P_{fern} = Ferntransportierter Pollen; P_{lok} = Lokaltransportierter Pollen; P_{reg} = Regionaltransportierter Pollen; schwarz = Sediment [nach TAUBER & WEST aus LANG 1994, 49].

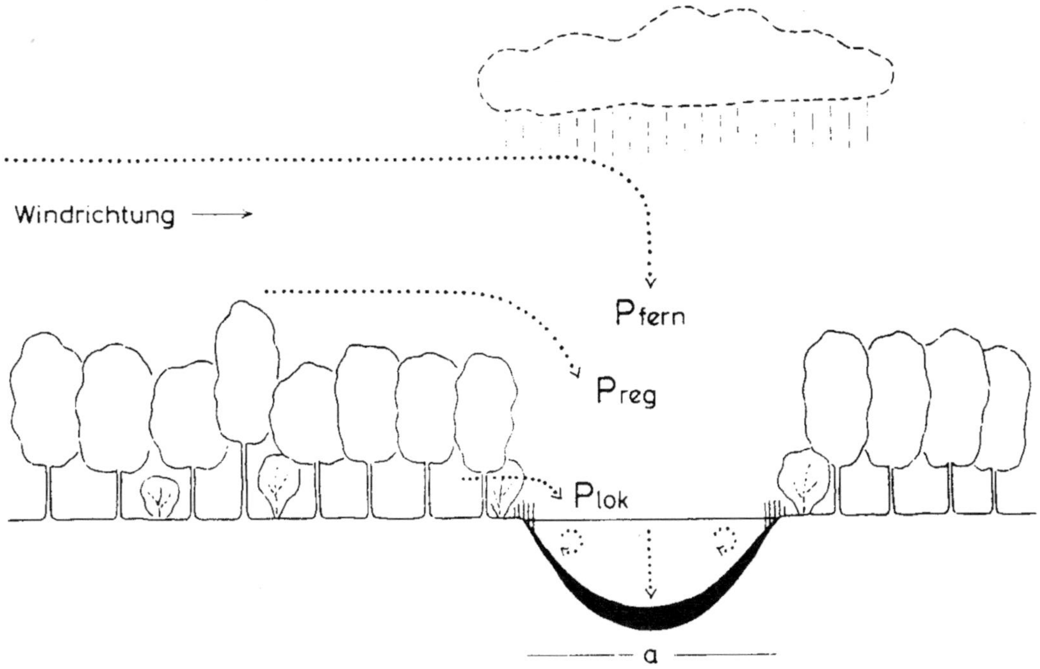

(Anreicherung von besonders widerstandsfähigen Pollen in Ablagerungen). Bei windblütigen Pflanzen sind Transportentfernungen von weit über 100 Kilometern möglich. Die Verzerrungen der gefundenen Pollenspektren gegenüber der tatsächlichen Zusammensetzung der pollenerzeugenden Vegetation versucht man mit Korrekturfaktoren auszugleichen. Vor allem nach dem Grade der Pollenerzeugung werden grob drei Gruppen unterschieden (Korrekturfaktoren in Klammern nach IVERSEN aus LANG [1994, 51]):

□ Große Pollenerzeuger, die im Pollenniederschlag meist übervertreten sind (1/4): z. B. Kiefer (*Pinus*), Hasel (*Corylus avellana*), Erle (*Alnus*), Birke (*Betula*);

□ Mittelmäßige Pollenerzeuger, die meist nur wenig über- oder untervertreten sind (1): z. B. Tanne (*Abies alba*), Fichte (*Picea abies*), Eiche (*Quercus*), Buche (*Fagus sylvatica*);

□ Geringe Pollenerzeuger (oder -verweher), die meist erheblich untervertreten sind (4): z. B. Lärche (*Larix decidua*), Ahorn (*Acer*), Linde (*Tilia*), Kastanie (*Castanea*).

In Pollendiagrammen wird von den Korrekturfaktoren selten Gebrauch gemacht, weil sie weder zeitlich noch geographisch konstante Größen sind. Die Ergebnisse der Pollenzählung werden fast immer im Prozentanteil der jeweils gefundenen Pollen dargestellt. Bei der Interpretation der Pollendiagramme ist daher zu beachten, dass große Pollenproduzenten (z. B. die Hasel) gegenüber mittleren (z. B. der Buche) und geringen Pollenproduzenten (z. B. dem Ahorn) überrepräsentiert erscheinen. Der Anteil der Nichtbaumpollen (NBP) an den insgesamt ausgezählten Pollen wird in der Regel gesondert berechnet und auf die Gesamtsumme der Baumpollen bezogen, so dass bei Nichtbaumpollen auch Prozentwerte über 100% möglich sind. Für die Interpretation der Pollendiagramme bzw. deren Einteilung in Pollenzonen werden (mittels wenig sinnvoller Termini) folgende Eckpunkte unterschieden:

□ Absolute Pollengrenze, d. h. erstes Auftreten einer Pollenart;

□ Empirische Pollengrenze, d. h. Beginn der geschlossenen Kurve;

□ Rationale Pollengrenze, d. h. Beginn des steilen Anstiegs.

Die absolute Pollengrenze ist sehr vom Zufall abhängig. In Stichproben vereinzelt gefundene Pollenkörner können auch vom Ferntransport herrühren oder aus höheren Sedimenthorizonten verschleppt worden sein. Die absolute

Pollengrenze ist daher kein verlässlicher Anhaltspunkt für weitergehende Schlüsse über die Anwesenheit einer Art. Nach RUDOLPH [1931, 113] ist das erste Auftreten einer Gattung pollenanalytisch kaum datierbar, da eine Gattung sporadisch an lokalklimatisch begünstigten Standorten auftreten kann, ohne dass sie pollenanalytisch in Erscheinung tritt. Als sicherer Anwesenheitsnachweis gilt bei schwachen Pollenproduzenten die empirische Pollengrenze, während bei großen Pollenproduzenten erst die rationale Pollengrenze als Anwesenheitsnachweis gilt. Unabhängig von der jeweiligen Pollenproduktion einer Pflanze gilt der Fund von Großresten als relativ sicherer Anwesenheitsnachweis.

2.2 Moor- und Seeablagerungen als paläoökologische Archive und vertikale Zeitmesser

Für das Quartär sind die mehr oder weniger kontinuierlich wachsenden Moor- und Seeablagerungen die wichtigsten Informationsquellen zur Rekonstruktion früherer Vegetationsverhältnisse. Moor- und Seeablagerungen sind dabei nicht nur Trägersubstanz für Pollen oder Sporen, sondern auch selber Träger (z. B. Humifizierungsgrad oder pflanzliche Zusammensetzung einer Torfschicht) paläoökologischer Informationen. Darüber hinaus können kontinuierlich gewachsene Moor- und Seeablagerungen bei erkennbarer Schichtung oder bei bekannter Akkumulationsrate auch als vertikale Zeitmesser betrachtet werden. Im Folgenden sollen die Moor- und Seeablagerungen im Hinblick auf ihre Entstehung, paläoökologischen Aussagemöglichkeiten und Eignung als vertikale Zeitmesser charakterisiert und diskutiert werden.

2.2.1 Moorablagerungen

Als Moore werden Landschaftsteile bezeichnet, in denen Torf gebildet wird oder Torf oberflächlich ansteht [SUCCOW & JOOSTEN 2001, 2ff.]. Unter Torfen versteht man organische sedentäre, d. h. von unten nach oben aufgewachsene Ablagerungen, die überwiegend aus unvollständig abgebauten, abgestorbenen Pflanzenresten von Moosen (vor allem Braun- und *Sphagnum*moose) und von Gefäßpflanzen (Gehölze, Heidekrautgewächse, Süß- und Sauergräser, Farne) bestehen [LANG 1994, 35]. Zu einem geringen Anteil sind in Torfen auch Überreste von Tieren, meist Insekten, enthalten. Eine sehr wichtige Voraussetzung für die Entstehung von Torf ist Sauerstoffmangel, der vor allem durch eine Wassersättigung des Bodens verursacht wird. Der Sauerstoffmangel bewirkt, dass die an Ort und Stelle gebildete organische Substanz nur unvollständig abgebaut wird und auch viele Jahrhunderte oder sogar Jahrtausende nach dem Absterben zumindest teilweise noch in ihrer ursprünglichen Struktur erkennbar ist. Obwohl der Abbau von totem pflanzlichem Material gehemmt ist, wird doch ein Großteil des durch die Primärproduktion der Moorpflanzen angelieferten organischen Materials mineralisiert. Man schätzt, dass nur ca. 2–16% der Primärproduktion im Torf erhalten bleiben [KOPPISCH 2001, 8ff.].

Die Moorbildung ist an bestimmte hydrologische und geomorphologische Faktoren geknüpft. Zu den hydrologischen Faktoren zählen das Vorhandensein von genügend Grund-, Oberflächen- oder Regenwasser, zu den geomorphologischen Faktoren gehören Geländeformen, wie z. B. Senken, Täler oder Hänge. Neben den beiden vorgenannten Faktoren können die verschiedensten Moortypen auch noch nach weiteren Faktoren wie z. B. ökologischen, regionalen oder floristischen Gesichtspunkten typisiert werden. Am gebräuchlichsten ist aber die hydrologische oder hydrogenetische Typisierung, weil der Faktor Wasser für das Torfwachstum entscheidend ist und mit ihm die meisten Moortypen sehr gut charakterisiert werden können [BURGA & PERRET 1998, 19f]. Grundsätzlich kann man bei dieser hydrologischen Gliederung zwischen topogenen und ombrogenen Mooren unterscheiden [vgl. z. B. JOOSTEN & SUCCOW 2001, 234ff.]:

Topogene Moore sind vom stehenden bzw. fließenden Grundwasser- oder Oberflächenwasser beeinflusste Nieder- und Hangmoore, die überall, d. h. auch in klimatisch trockeneren Teilen Mitteleuropas entstehen können. Solche Moore bilden sich z. B. durch die Sedimentauffüllung von Seen (›Verlandungsmoore‹), periodisch auftretende Überflutungen bei Fließgewässern (›Überflutungsmoore‹), die Erhöhung des Grundwasserspiegels (›Versumpfungsmoore‹), den geländebedingten Austritt von Grundwasser (›Durchströmungs- oder Hangmoore‹) oder die Einströmung von Oberflächenwasser in Geländesenken (›Kesselmoore‹). Demgegenüber vollzieht sich bei ombrogenen Mooren die Torfbildung unabhängig von der Grundwasser-, Hang- oder Oberflächenwasserzufuhr. Ombrogene Moore werden vom Niederschlag gespeist und können sich nur in Gebieten mit hohen Niederschlägen bilden (›Regen- bzw. Hochmoore‹).

Abb. 2.4: Zuordnung der Muttergesellschaften von Torfen bzw. Bildungsbereiche von Seeablagerungen in Bezug auf ihre Lage zum Wasserstand gekennzeichneten Uferzonen [aus Overbeck 1975, 51]

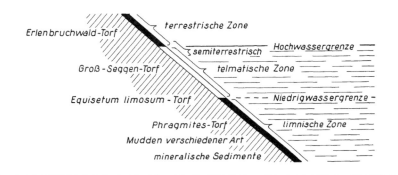

Abb. 2.5: Verlandungsschema eines eutrophen Gewässers. HW = Hochwassergrenze, NW = Niedrigwassergrenze; 1 = Characeen-Rasen, 2 = Laichkraut, 3 = Seerosengürtel, 4 = Röhrichtgürtel, 5 = Groß-Seggengürtel, 6 = Erlenbruchwald; a = Tonmudde, b = Kalkmudde, c = Feindetrius-Mudde, d = Grobdetrius-Mudde, e = Schilftorf, f = Seggentorf, g = Erlenbruchwaldtorf [aus Overbeck 1975, 50].

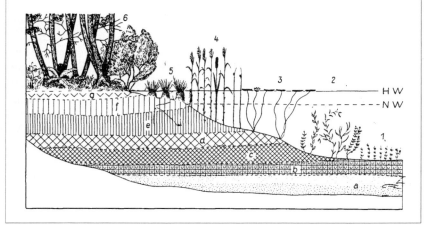

Topogene und ombrogene Moore unterscheiden sich auch in der Oberflächenform: Die Oberfläche eines Nieder- oder Flachmoores folgt derjenigen des Grundwassers, ist also im großen und ganzen horizontal. Demgegenüber lebt das Hochmoor allein von Regen oder Schnee und wölbt sich mehr oder minder deutlich über seine Umgebung und damit auch dem Grundwasserspiegel empor. Hochmoore bilden sich dadurch, dass Moose (vor allem sogenannte Torfmoose der Gattung *Sphagnum*) in großen, schwammartigen Polstern über das allgemeine Grundwasserniveau emporwuchern. Nieder- und Hochmoore sind allerdings nicht immer scharf voneinander zu trennen, da sie sowohl räumlich wie zeitlich ineinander übergehen können. Die Übergangsformen zwischen Nieder- und Hochmooren werden als Übergangsmoore bezeichnet, wenn man den Aspekt der Sukzession von einem in den anderen Typ betonen will. Um die vegetationskundlich-ökologische Mittelstellung dieser Moore hervorzuheben, spricht man auch von Zwischenmooren [Lang 1994, 213].

Für viele topogene Moore (insbesondere Verlandungsmoore) ist im Moorprofil ein Wechsel von limnischen zu telmatischen Ablagerungen typisch (vgl. **Abb. 2.4**). Unter limnischen Ablagerungen versteht man anorganische Sedimente wie z. B. Sand, Silt oder Ton und unterhalb der Niedrigwassergrenze gebildete organische Mudden wie z. B. Halbfaul- oder Faulschlamm. Telmatische Ablagerungen sind zwischen der Niedrig- und Hochwassergrenze entstandene Torfbildungen, wie z. B. Seggentorfe. Darüber folgen in der semiterrestrischen oder terrestrischen Zone im Einflussbereich von Grund- oder Hochwässern entstandene Bruchwaldtorfe. In humiden Gebieten mit hohen Niederschlägen können sich über solchen Niedermoor-Torfen noch oberhalb des Hoch- oder Grundwasserniveaus gelegene *Sphagnum*-Torfe bilden. Da in einem verlandenden Gewässer die abgestorbenen Pflanzenreste mehr und mehr den Gewässerboden aufhöhen, schieben sich die an bestimmte Wassertiefen gebundenen Vegetationsgürtel (Röhrichtgürtel, Großseggengürtel, Erlenbruchwald) im Laufe der Zeit immer weiter gegen die offene Wasserfläche vor. Diese im Idealfall gesetzmäßige Sukzession schreitet fort, bis schließlich die offene Wasserfläche völlig verschwindet und die Verlandung damit ihren Abschluss findet. Dabei finden sich die in einem verlandenden Gewässer nebeneinander angeordneten Vegetationsgürtel im Torfprofil in mehr oder weniger vollständiger Reihe übereinanderliegend wieder (vgl. **Abb. 2.5**).

In einem verlandeten Seebecken werden die unteren Schichten meistens nicht von organischen, sondern mineralischen Ablagerungen (Kies, Sand und Ton) gebildet. Dies hat folgende Ursache: Die Auffüllung solcher Seebecken begann häufig schon zu einer Zeit, als Mitteleuropa unter dem Einfluss des eiszeitlichen Klimas stand. Dem arktischen Klima entsprechend war die Vegetationsdecke zu dieser Zeit noch sehr lückig. Der Boden war daher weitgehend ungeschützt und deshalb einer massiven Umlagerung durch Erosion und Solifluktion (Bodenfließen) ausgesetzt. Über den genannten mineralischen Sedimenten können – in Abhängigkeit vom Kalkgehalt des Bodens im Einzugsbereich eines Gewässers – Schichten mit mehr oder weniger starken Anteilen von Kalk folgen. Solche Kalkausfällungen (›Kalkmudden‹) gehen zum großen Teil bereits auf die assimilatorische Tätigkeit von unter Wasser lebenden Pflanzen zurück. Sie können daher bereits als Indiz für ein reicher entwickeltes Pflanzenleben im Wasser und ein günstigeres Klima gewertet werden [OVERBECK 1975, 50]. Erst bei weiterer Erwärmung nehmen organische Sedimente überhand. Sie bestehen aus abgestorbenen, zerkleinerten Teilen von Wasserpflanzen und werden zunächst als lockerer Halbfaul- oder Faulschlamm (Dy, Gyttja oder Sapropel) abgesetzt. Erst später verdichten sie sich zusammen mit abgestorbenen Planktonorganismen zu sogenannten ›Mudden‹. Darunter versteht man verdichtete Schlammablagerungen, die einen erheblichen Anteil an organischer Substanz aufweisen.

Über den zuvor genannten anorganischen Sedimenten und organischen Mudden kann in einem verlandenden See ein von Grund- oder Oberflächenwasser gespeistes nährstoffreiches Niedermoor entstehen. Darüber kann sich über die Zwischenphase »Übergangsmoor« ein ausschließlich durch Regenwasser gespeistes nährstoffarmes Hochmoor entwickeln. Von dieser idealtypischen Sukzessionsreihe eines verlandenden Sees gibt es allerdings eine Vielzahl von Abweichungen. Dies hängt damit zusammen, dass Sukzessionsvorgänge nicht nur durch die sich im Verlauf des Moorwachstum verändernde Lage der ›Muttervegetation‹ zum Wasserstand ausgelöst werden, sondern dass auch noch andere Faktoren wie Klimaänderungen oder der Anstieg und Abfall des allgemeinen Grundwasserspiegels eine Rolle bei der Bildung und Abfolge der Torfschichten spielen können: »So trifft man z. B. in nordwestdeutschen Stromtälern und an Seen nicht selten auf Bruchwaldtorfe, deren Mächtigkeit bis zu mehreren Metern bei gleichbleibender Muttervegetation dadurch zustande gekommen ist, dass mit ihrem oft viele Jahrhunderte hindurch erfolgtem Wachstum ein gleichzeitiger Anstieg des Grundwasserspiegels Schritt gehalten hat« [OVERBECK 1975, 51]. Aus chronologiekritischer Sicht ist nun von Bedeutung, ob das Alter eines Moores aus der Mächtigkeit seiner Ablagerung und seiner Wachstumsgeschwindigkeit errechnet werden kann.

Die Wachstumsgeschwindigkeit eines Moores, d. h. die Torfakkumulationsrate je Zeiteinheit ist von der jeweiligen Primärproduktion der Moorvegetation und der Mineralisation des produzierten organischen Materials abhängig. Da sowohl Primärproduktion als auch Mineralisation im Verlauf der Moorbildung variieren können, kann das Alter eines Moores nicht zuverlässig über seine Mächtigkeit bestimmt werden. Bezüglich der Primärproduktion liegt dies z. B daran, dass die an der Torfbildung beteiligten Moorpflanzen unterschiedliche Wachstumsgeschwindigkeiten aufweisen. In der Praxis werden die mit der Zeit variierenden Wachstumsraten über die absolute Datierung von Moorprofilen bzw. Torfhorizonten bestimmt. Dabei fällt auf, dass die über radiometrische Altersdatierungen berechneten Torfakkumulationsraten eine außergewöhnlich weite Spanne aufweisen. Laut Angaben in der einschlägigen Literatur variieren sie zwischen 60 und 2.000 kg Trockenmasse pro Hektar und Jahr. Nach KOPPISCH [2001, 17] werden Wachstumsraten über 100 kg nur bei sehr jungen Mooren mit einem Alter unter 1.000 Jahren erreicht, während die Torfakkumulation bei Mooren mit einem Alter über 5.000 Jahren vor allem Raten unter 50 kg aufweist. KOPPISCH vermutet, dass die Ursache für diese Unterschiede im nachträglichen Abbau von organischer Substanz in tieferen Torfschichten liegt. Davon abweichend werden in dieser Untersuchung die in älteren Mooren gemessenen, äußerst geringen Akkumulationsraten als Indiz für die völlig überzogenen Absolutdatierungen von tieferen Moorhorizonten gewertet (siehe **Abb. 2.6** und den Exkurs 1 am Ende dieses Kapitels).

Da das Alter von Moorablagerungen anhand ihrer Mächtigkeit nur grob geschätzt werden kann, basieren sämtliche Altersangaben von Mooren auf radiometrischen bzw. davon abhängigen pollenanalytischen oder archäologischen Datierungen. Diese Datierungen sind aber – wie in Kapitel 2.3 noch gezeigt wird – allesamt zweifelhaft. Nach üblicher Auffassung lässt sich die Entwicklung mitteleuropäischer Moore anhand von Torfprofilen größtenteils bis mehr als 12.000 Jahre zurückverfolgen. Bezüglich der zeitlichen Abfolge von bestimmten Moorbildungsphasen lassen sich nach BURGA & PERRET

Abb. 2.6: Ausschnitt aus einem Pollen-profil aus dem ca. 25 ha großen Torf-moor »Grande Pile« in den Vogesen. Das vollständige Pollenprofil spiegelt die Vegetationsveränderungen vom Ende der Saale-Kaltzeit bis ins Holozän wider. Dies entspricht einem konventionell datierten Zeitraum von ca. 140.000 Jahren. Der dargestellte Ausschnitt zeigt die Vegetationsentwicklung im Holozän und Teilen des Würm-Glazials. Im Holozän dominieren mit ca. 90% die Baumpollen (Aboreal Pollen), während im Würm-Glazial die Nichtbaumpollen (Non Aboreal Pollen) den weitaus größten Anteil stellen. Zusätzlich sind die biostratigraphischen Zonen und deren Mächtigkeit (cm) dargestellt [aus WOILLARD 1979, 65, verändert].

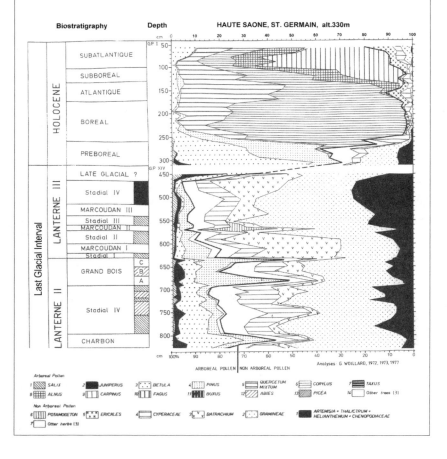

[1998, 20] und COUVENBERG et al. [2001, 399ff.] folgende Unterschiede feststellen: Während Ablagerungen von Gyttja (Faulschlamm) und erste Ansätze zu Niedermoortorfbildung bereits im Alleröd (12.000 – 11.000 BP, »Before present« = Jahre vor 1950) und vereinzelt schon im Bölling (13.000 – 12.000 BP) einsetzen, beginnt die Hochmoorbildung hauptsächlich im Atlantikum (8.000 – 5.000 BP) oder Subboreal (5.000 – 2.500 BP). Es fällt auf, dass der Hochmoorbildung als jüngster Moorbildungsphase mit bis zu 8.000 Jahren ein sehr hohes Alter eingeräumt wird. Allerdings findet sich bei OVER-BECK [1975, 229f] ein aufschlussreiches Beispiel dafür, dass Hochmoorbildungen viel jünger sein können und sich daher möglicherweise in viel kürzerer Zeit vollzogen haben:

Beim Entwässern des Kehdinger Moores südöstlich von Stade, das direkt auf pleistozänen Sanden liegt, wurden die Decksteine einer früher völlig von dem Hochmoor überlagerten neolithischen Steinkammer sichtbar. Beim Bau dieser Kammer muss die Umgebung noch trocken gewesen sein. Da sich aber in der Kammer selbst Reste einer bronzezeitlichen Nachbestattung und außerhalb derselben sogar eine La-Tène-zeitliche Urne fanden, muss der Grabhügel auch noch in der jüngeren Eisenzeit (ab ca. 500 v. Chr.!) freigelegen haben. (Auf die chronologiekritisch hochinteressante Thematik der archäologischen ›Geschichtsaufspreizung‹ mittels der ›Krücke‹ der Nachbestattungen kann hier nicht eingegangen werden; vgl. hierzu ILLIG [1988, 127ff.]). Aufgrund des merkwürdig »wirren« Moorprofils vermutete man, dass ein »Moorausbruch« des benachbarten Hochmoores das Grab verschüttet habe. Bei der pollenanalytischen Untersuchung stellte sich jedoch heraus, dass das »Durcheinander« keinesfalls so groß wie erwartet war. Im Pollendiagramm war nämlich keine Umkehrung der Altersfolge erkennbar. Daher wurde angenommen, dass das »Randgehänge« des benachbarten Hochmoors nicht gekippt sei, sondern sich in ziemlich ungestörter Altersfolge horizontal über die Grabkammer verschoben hätte. Als Ursache für diesen Moorausbruch wurden starke Regenfälle vermutet. Tatsächlich liegt eine Vielzahl von Befunden dafür vor, dass es am Beginn der Jüngeren Eisenzeit bzw. des Subatlantikums eine gravierende Zunahme von Niederschlägen gegeben hat [vgl. z. B. Auflistung bei SCHMIDT & GRUHLE 1988, 179f]. Statt hier auf die unwahrscheinliche Zusatzhypothese eines horizontalen Moorausbruchs zurückzugreifen, hätten die Moorforscher die verstärkten Regenfälle allerdings auch selbst für die Hochmoorbildung verantwortlich machen können. Diese naheliegende Hypothese haben die Moorforscher natürlich aus ihren Überlegungen ausgeklammert, weil dann die Überlagerung der Grabkammer ein Indiz dafür gewesen wäre, dass Hochmoore viel jünger sind und in viel kürzerer Zeit wachsen als bisher angenommen.

Als Resümee ist festzuhalten, dass Moorablagerungen zwar hervorragende paläoökologische Archive sind, sich aber aufgrund der variierenden Akkumulationsraten, die zudem durch zweifelhafte radiometrische Altersbestimmungen noch zusätzlich verzerrt werden, kaum als absolute Zeitmesser eignen.

2.2.2 Seeablagerungen

Nach LISTER [1998, 25f] sind Seeablagerungen hervorragende natürliche Archive für atmosphärische, terrestrische und aquatische Umweltprozesse. Dies gilt besonders für Tiefwasser-Zonen, in denen in charakteristischer Weise eine langsame und kontinuierliche Ablagerung staubähnlicher Partikel als natürliches Archiv von Umweltdaten stattfindet. Neben anorganischen Partikeln gelangen durch Wasser- und Windtransport auch pflanzliche und tierische Reste, wie z. B. Blütenstaub, Sporen, Samen und Früchte, Blätter, Holz, Algen oder Insekten in den See. In vielen Seen liegen kontinuierliche oder geschichtete Sedimentabfolgen über mehrere Jahrtausende vor. Wenn solche Seesedimente organisches Material enthalten, besteht die Möglichkeit, ihr Alter mit der C14-Methode zu datieren. Zudem können vulkanische Aschelagen, die man aufgrund ihrer charakteristischen mineralogischen Zusammensetzung bestimmten Vulkanausbrüchen zuordnen kann, als Zeitmarker (Tephrochronologie) verwendet werden [vgl. hierzu z. B. VAN DEN BOGAARD & SCHMINCKE 1988]. In Seen, in denen ein saisonaler Ablagerungszyklus vorliegt, können laminierte, auch »Warven« genannte Sedimentstrukturen entstehen, die ebenfalls zur Datierung genutzt werden.

Der Ausdruck »Warve« ist ursprünglich von dem schwedischen Geologen GERARD DE GEER eingeführt worden, um eine regelmäßige Sequenz ›papierdünner‹ hell- und dunkelfarbiger Ablagerungen von Sand und Lehm in glazialen und periglazialen Seen zu kennzeichnen. Heute wird der Begriff für jede jährlich laminierte Ablagerung verwendet, wobei man grundsätzlich zwischen klastischen und organogenen Warven differenzieren kann. In kalten Klimaten entstehen überwiegend klastische Warven, die aus dunkel- und hellfarbigen Laminations-Paaren bzw. dem Wechsel von tonreichen und sandig-siltigen Ablagerungen bestehen. Klastische Warven sollen durch die jahres-zeitliche Rhythmik des Eis- oder Schneeschmelzens entstehen, die während des Sommerhalbjahres bei verstärkter Schmelzwasserzufuhr grobes, zumeist helles Material (Sommerschicht) und im Winterhalbjahr bei niedrigen Tem-peraturen und geringer Schmelzwasserzufuhr (Winterschicht) zumeist feines, dunkles Material ablagert (vgl. **Abb. 2.7**). Es gibt allerdings auch ähnlich auf-gebaute Tageswarven, die durch den Rhythmus der Sonnenwärme am Tag und nächtlicher Abkühlung entstehen. Organogene Warven, die in warmge-mäßigten Klimaten entstehen, sind komplexer als klastische Warven aufge-baut. Sie bestehen überwiegend aus den organischen Resten der biologischen Eigenproduktion (z. B. Algenblüten im Frühjahr oder Sommer sowie Blätter im Herbst) und langsam sedimentierenden Tonpartikeln im Winter. Zusätz-lich können auch authigene Kalzitfällungen als Lage eingeschaltet sein.

Folgt man der Auffassung des schwedischen Forschers GERARD DE GEER, der als erster warvige Sedimente ausgezählt hatte, um das Alter der Nacheis-zeit zu bestimmen, dann zeichnen geschichtete, klastische Sedimente – ver-gleichbar einem Buch mit seinen Seiten – die Jahre auf. Diese Auffassung wurde schon früh von verschiedenen Forschern in Zweifel gezogen, da z. B. jährliche von täglichen Warvenbildungen nur schwer unterschieden werden können [vgl. z. B. FIRBAS 1949, 69]. Ferner wurde festgestellt, dass Warven nicht nur durch periodische Abschmelzvorgänge, sondern auch noch durch andere Mechanismen wie z. B. verstärkten Unterwasserströmungen nach Stürmen oder Heranblasen von Sedimentmaterial mit dem Wind entstehen können [vgl. hierzu BLÖSS & NIEMITZ 1998a, 1998b]. Von den Schweizer Ge-ologen LAMBERT und HSÜ [1979, 453ff.] wurde bei Untersuchungen im voral-pinen Walensee festgestellt, dass in einem 165 Jahre langen Zeitraum zwi-schen 300 und 360 Warven abgelagert wurden, wobei pro Jahr bis zu fünf ›Warven‹ bzw. Strömungsablagerungen gezählt werden konnten. Aufgrund dieser Forschungsergebnisse wurde von den Forschern eine neue Warven-Theorie entwickelt [vgl. HSÜ 2000, 150f]: Nach dieser Auffassung sind War-ven nur dann jährliche Sedimentablagerungen, wenn der See jeden Winter zu-friert. Nur in solchen Seen soll sich im Sommer eine Schicht aus grobkörni-gen, mit der Strömung eingeschwemmten Sand und im Winter, wenn der See oder der zuführende Fluss zugefroren und die Sandzufuhr dadurch unterbro-chen ist, eine Lehmschicht bilden. Die Lehmschicht ist dabei eine Ablagerung

Abb. 2.7: Bildung von Bändertonen (Warven) in einem Schmelzwasser-Staubecken vor dem zurückweichenden Gletscherrand. 1, 2, 3 = Gletscherrand in drei aufeinanderfolgenden Jahren; G = Gletscher; V = Warven; W = Wasser [nach ANTEVS aus LANG 1994, 67].

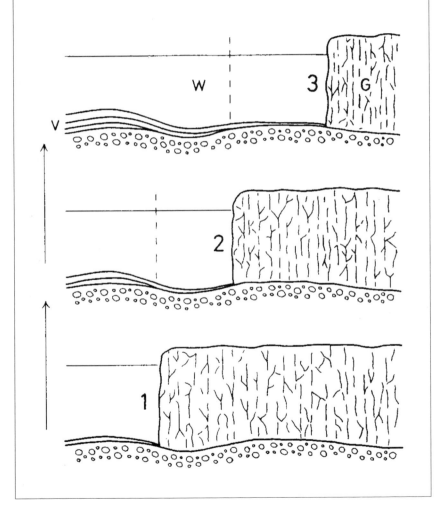

der sogenannten Gletschermilch, eine grünliche Aufschwemmung, die aus dem Schmelzwasser der Gletscher stammt.

Bei später in einem anderen Alpensee durchgeführten Untersuchungen wurde zur Überraschung aller beteiligten Forscher festgestellt, dass es zwar Warven in der spätglazialen Jüngeren Dryaszeit (11.000 – 10.000 BP) gab, aber keine (echten) postglazialen Warven, die älter als 4.000 Jahren sind [ebd. 151]. In der Zeit des klimatischen Optimums (~8.000 – 4.000 BP) war es offensichtlich so warm, dass die Seen nicht jeden Winter zufroren. Darüber hinaus gab es keine Lehmablagerungen aus Gletschermilch, weil es offensichtlich keine Gletschermilch gab. Hsü schließt aus dem Phänomen der fehlenden Gletschermilch, dass die Alpen in der Zeit des klimatischen Optimums nicht vergletschert waren und dass vor 4.000 Jahren eine gravierende klimatische Verschlechterung stattgefunden hat. Diese Auffassung wird auch durch Forschungsergebnisse des Gletscherforschers RÖTHLISBERGER [1986] unterstützt, der für die Zeit zwischen 10.000 und 5.000 BP nur eine auffallend geringe Zahl von Gletschervorstößen in den Alpen nachweisen konnte [vgl. hierzu auch BLÖSS & NIEMITZ 1998c, 575f]. Für die Zeit des Postglazials ist ferner zu berücksichtigen, dass es wegen der extrem dünnen Schichtung laminierter Sedimente häufig kaum möglich ist, die Schichtfolgen ausreichend genau auszuzählen. Es fragt sich daher, weshalb die etablierten Forscher diese Erkenntnisse bisher nicht zum Anlass genommen haben, die chronologische Aussagekraft von laminierten Sedimenten grundsätzlich in Frage zu stellen.

Exkurs 1: Holozäne Moorwachstumsraten des Torfmoores »Grande Pile« in den Vogesen

Das ca. 25 ha große Torfmoor »Grande Pile« in den Vogesen ist eines der Schlüsselstandorte zur Erforschung der mitteleuropäischen Vegetations- und Klimageschichte während des Spätpleistozäns und Holozäns. Die belgische Botanikerin GENEVIÈVE WOILLARD hatte Mitte der siebziger Jahre des letzten Jahrhunderts begonnen, Bohrkerne aus diesem Torfmoor pollenanalytisch auszuwerten. Die besondere Bedeutung dieses Moorstandortes zeigt sich darin, dass ein aus der Mitte des Moores stammender, fast 20 m langer Bohrkern den gesamten letzten Interglazial-Glazialzyklus (Eem-Warmzeit, Würm-Kaltzeit) vom Ende der Saale-Glazials bis ins beginnende Holozän umfasste. Dies entspricht einem konventionell datierten Zeitraum von über 130.000 Jahren.

Das in **Abb. 2.6** dargestellte Pollenprofil setzt sich, um eine möglichst optimale pollenanalytische Auswertung zu ermöglichen, aus Sequenzen von drei unterschiedlichen Bohrkernen zusammen. Da sich diese Bohrkerne in großen Abschnitten überschneiden, konnten die verwendeten Bohrkernsequenzen eindeutig korreliert bzw. aneinandergefügt werden.

WOILLARD [vgl. 1978, 1979] hatte bei ihren pollenanalytischen Untersuchungen zwischen dem klassischen Eem-Interglazial und dem Würm-Glazial zwei warmtemperierte Intervalle (St. Germain I+II) gefunden, die sie aufgrund des reichhaltigen Vorkommens von Baumpollen als Interglaziale und nicht als Interstadiale interpretierte. Diese Interglaziale waren durch zwei kurzzeitige, sehr kalte glaziale Phasen (Melissey I+II) voneinander getrennt. WOILLARDS pollenanalytische Untersuchungen korrelierten gut mit den Ergebnissen der Sauerstoff-Isotopenuntersuchungen von Tiefseebohrkernen aus dem Nordatlantik und Eisbohrkernen aus Grönland. Weniger gut ließen sich ihre Untersuchungsergebnisse allerdings mit der klassischen europäischen Eiszeit-Chronologie korrelieren. WOILLARD schlug deshalb eine neue Unterteilung des frühen Würm-Glazials vor. Ferner äußerte sie Zweifel an der bisherigen Zuordnung der Alpenvergletscherungen (Würm-, Riß-, Mindel- und Günz-Eiszeit) zu den Vergletscherungen im norddeutschen Tiefland (Weichsel-, Saale- und Elster-Eiszeit). Damit provozierte sie bei den Anhängern der klassischen Glazialgeologie heftige Kritik [vgl. z. B. GRÜGER 1978, 152].

Holozäne Moorwachstumsraten des Torfmoores »Grande Pile«			
Biostratigraphische Zone	Bohrkernlänge [mm]	ungefähre Dauer [y]	Wachstumsrate [mm/y]
Präboreal	500	1,000	0.50
Boreal	800	1,000	0.80
Atlantikum	350	3,000	0.12
Subboreal	250	2,500	0.10
Subatlantikum	600	2,500	0.24

Auf diese Diskussion soll hier aber nicht weiter eingegangen werden. Bezüglich der Frage nach der Dauer der nacheiszeitlichen Waldgeschichte sind die Torfmächtigkeiten (bzw. die ihnen zugrundeliegenden Wachstumsraten) in den verschiedenen biostratigraphischen Abschnitten des in **Abb. 2.6** dargestellten Pollendiagramms von besonderem Interesse. Der das Holozän abdeckende Bereich des Pollendiagramms entspricht einer Bohrkernlänge von ca. 2,70 m. Für die einzelnen biostratigraphischen Zonen des Diagramms lassen sich aus der ermittelten Bohrkernlänge und dem konventionellen Ansatz für deren zeitliche Dauer folgende Wachstumsraten errechnen (siehe Tabelle auf der linken Seite).

Es fällt auf, dass die zusammen ca. 5.500 Jahre umfassenden biostratigraphischen Abschnitte des Atlantikums und Subboreals mit 0,12 und 0,10 mm/a sowohl im Verhältnis zu den vorhergehenden Biozonen (0,5 u. 0,8 mm/a) als auch zu dem nachfolgenden Abschnitt

(0,24 mm/a) über ungewöhnlich niedrige Wachstumsraten verfügen. Wenn man für die Biozonen des Atlantikums und Subboreals die historisch einigermaßen gesicherte Wachstumsrate des Subatlantikums zugrundelegt, so würde sich die zeitliche Dauer dieser beiden Abschnitte um die Hälfte verkürzen. Und würde man gar auf die besonders hohe Wachstumsrate des Boreals zurückgreifen, hätte dies zur Folge, dass der ca. 5.500 Jahre umfassende Zeitraum von Atlantikum und Subboreal auf nur 825 Jahre zusammenschrumpfen würde.

Zusammenfassend bleibt festzuhalten, dass die hier vertretene These von der überdehnten nacheiszeitlichen Zeitschiene eine gute Erklärung für die außergewöhnlich niedrigen Wachstumsraten der Torfbildner im Atlantikum und Subboreal liefert. Zudem wird deutlich, um welche Größenordnung es in dieser Untersuchung bei der Verkürzung der Dauer der spät- und postglazialen Waldgeschichte geht – nämlich um Kürzungen um 50% und mehr.

2.3 Radiokarbonmethode und Dendrochronologie

Die Radiokarbonmethode und die damit verknüpfte Dendrochronologie sind heute mit Abstand die wichtigsten Methoden zur Datierung der spät- und postglazialen Waldgeschichte. Die Radiokarbon- oder C14-Methode ist ein Verfahren zur Altersbestimmung organischer Materialien (wie z. B. Holz, Leder oder Knochen) und wurde Ende der vierziger Jahre des vorigen Jahrhunderts von dem amerikanischen Chemiker W. F. Libby und seinen Mitarbeitern entwickelt. Sie beruht auf dem Zerfall des radioaktiven Kohlenstoffisotops C14, das sich bis zum Tod eines Organismus in einer bestimmten Konzentration in einen Organismus einlagert (z. B. durch Assimilation von $^{14}CO_2$ aus der Atmosphäre) und dessen Konzentration dann mit einer konstanten Halbwertzeit abnimmt. Das Kohlenstoffisotop C14 entsteht in der Stratosphäre aus Stickstoffatomen durch eine von der kosmischen Strahlung ausgelöste Kernreaktion. Es zerfällt mit einer Halbwertzeit von ca. 6.000 Jahren unter Emission eines Elektrons wieder zu Stickstoff. Die theoretische Reichweite der Radiokarbonmethode beträgt etwa 70.000 Jahre. Idealerweise funktioniert diese Datierungsmethode natürlich nur, wenn eine untersuchte Probe nicht nachträglich durch C14-Einlagerungen verunreinigt wurde und die C14-Konzentration bzw. das C14/C12-Verhältnis der Atmosphäre in der Vergangenheit möglichst konstant war.

Libby war bei der Entwicklung der C14-Methode in aktualistischer Tradition (»Die Gegenwart ist der Schlüssel zur Vergangenheit«) davon ausgegangen, dass sowohl die Produktionsrate als auch die Verteilung von C14 in den Reservoiren Atmosphäre, Biosphäre und Ozeane während der letzten 100.000 Jahre nicht wesentlich von den gegenwärtigen Verhältnissen abgewichen waren. Erst 10 Jahre nach der Etablierung der Radiokarbonmethode stieß H. E. Suess aufgrund von Reihenuntersuchungen an langlebigen kalifornischen Bäumen auf einen erstaunlichen Befund. Er stellte fest, dass sich Produktion und Zerfall des Radiokarbonisotops nicht wie zunächst erwartet in einem stationären Gleichgewicht befinden, sondern dass die C14-Konzentration der Atmosphäre in der Vergangenheit erheblichen Veränderungen unterworfen war (Suess-Effekt). Da somit auch die C14-Startaktivitäten von zu datierenden organischen Materialien nicht identisch waren, sondern erheblich variierten, können zwischen dem wirklichen Alter einer Probe (in Kalenderjahren) und ihrem gemessenen Alter (in Radiokarbonjahren) gravierende Abweichungen bestehen. Die Radiokarbonmethode war damit zur Korrektur ihrer Messergebnisse auf andere, von ihr unabhängige Datierungsmethoden angewiesen.

Zur Überprüfung und Korrektur (›Kalibrierung‹) der Radiokarbondaten trat Anfang der sechziger Jahre als neue ›absolute‹ Datierungsmethode die Dendrochronologie auf den Plan. Diese Methode basiert darauf, dass Gehölze aufgrund der jahreszeitlichen Wachstumsrhythmen im gemäßigten Klimabereich Jahresringe bilden, die in Stammscheiben ausgezählt werden können. Jahrringchronologien erhält man durch die Synchronisation von Stammscheiben, die sich zeitlich überlappen. Idealerweise geschieht dies anhand von Weiserjahren oder Musterähnlichkeiten bei der vom Witterungsverlauf abhängigen Breite der Jahrringe. Kein einzelnes ›Baumschicksal‹ ist jedoch identisch mit dem eines anderen Baumes. Durch die Variation von Bodentyp, Hangneigung, Exposition und Höhenlage können sogar Jahrringsequenzen innerhalb kleiner Regionen so unterschiedlich ausfallen, dass eine sichere Synchronisation unmöglich ist. Um Jahrringsequenzen von Bäumen auch über größere Entfernungen synchronisieren zu können, entwickelte man daher für eine Region gültige Mittelkurven (›Standardsequenzen‹). Die Korrelation einer individuellen Jahrringsequenz eines Baumes mit dieser Mittelkurve wird dabei nicht mehr anhand von Weiserjahren, sondern anhand eines statistischen Abgleichs der Kurve der Jahrringbreiten vorgenommen.

Von den Dendrochronologen werden Jahrringkurven, die lückenlos an die Gegenwart anschließen, als absolute Chronologien bezeichnet. Davon abweichend werden Jahrringchronologien, die nicht an die Gegenwart anschließen, als relative oder ›schwimmende‹ Chronologien bezeichnet. Ursprünglich war die Dendrochronologie nur ein Verfahren zur Altersbestimmung archäologischer Holzfunde. Erst später gelang es längere, einen Großteil der Nacheiszeit überbrückende Jahrringchronologien aufzubauen, indem man an die Gegenwart anschließende Jahrringkurven aus rezentem Holz mit solchen aus ›subfossilen‹ Holzfunden verknüpfte (vgl. **Abb. 2.8**). Die derzeit bekanntesten Baumringchronologien sind die ca. 9.000 Jahre zurückreichende amerikanische Borstenkieferchronologie (Bristlecone Pine Chronology) und die zwischenzeitlich bis zu 10.000 Jahre zurückreichenden europäischen Eichenchronologien (irische sowie nord- und süddeutsche Standardchronologien). Um eine Verbindung zur Radiokarbonmethode herzustellen, hat man die C14-Restaktivitäten einzelner Jahrringe in solchen ausgezählten Jahrringchronologien bestimmt. Reihenuntersuchungen zeigten, dass der C14-Gehalt der At-

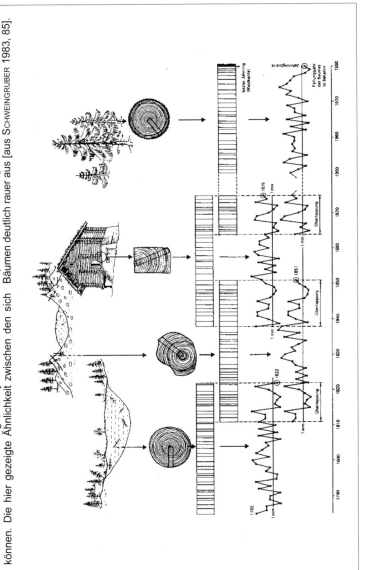

Abb. 2.8: Das Überbrückungsverfahren mit Jahrringkurven. Aus der Abfolge der Jahrringbreiten einer Stammscheibe werden Jahrringkurven erstellt. So entstehen Fieberkurven ähnliche Kurvenzüge, die synchronisiert werden können. Die hier gezeigte Ähnlichkeit zwischen den sich überlappenden Jahrringkurven ist allerdings idealisiert. Die Wirklichkeit sieht wegen der abweichenden Standortbedingungen, d. h. der Variation von Bodentyp, Hangneigung, Exposition und Höhenlage, bei den zu synchronisierenden Bäumen deutlich rauer aus [aus SCHWEINGRUBER 1983, 85].

mosphäre im Subboreal und Atlantikum also vor ca. 2.500 – 8.000 Jahren erheblich höher als in der Gegenwart war. Die unkalibrierten Radiokarbonalter fielen für diese Zeit um bis zu 1.000 Jahre geringer als das Jahrringalter aus und mussten mittels Kalibrierkurven korrigiert werden.

Die Korrektur von C14-Datierungen durch dendrochronologisch gestützte Kalibrierkurven hat aber einen Schönheitsfehler. So konnten BLÖSS & NIEMITZ in ihrem Buch »C14-Crash« [vgl. 2000, 29ff.] nachweisen, dass die dendrochronologischen Kalibrierkurven gar nicht unabhängig von den C14-Datierungen erstellt worden sind. Die amerikanischen Dendrochronologen hatten nämlich ihre ›schwimmenden‹ und zunächst nicht lückenlos in die Vergangenheit ragenden Baumringsequenzen nicht über Weiserjahre oder statistische Abgleiche, sondern mit Hilfe von unkalibrierten C14-Vordatierungen verknüpft. Die europäischen Dendrochronologen konnten sogar ihre Baumringsequenzen nur synchronisieren, indem sie die C14-Jahrringmuster ihrer Eichenchronologien mit denen der bereits fertiggestellten amerikanischen Borstenkieferchronologie abglichen. Beide Vorgehensweisen sind aber methodisch nur dann zulässig, wenn die C14-Konzentration der Atmosphäre in der Vergangenheit konstant war (sogen. Fundamentalprinzip) und darüber hinaus keine überregionalen Schwankungen der C14-Aktivitäten – hier zwischen Amerika und Europa – zu erwarten sind (sogen. Simultanitätsprinzip). Beides trifft jedoch nicht zu, da einerseits die nacheiszeitlichen C14-Gehalte der Atmosphäre erheblich variiert haben und andererseits aufgrund von lokalen Diffusionsvorgängen zwischen Atmosphäre und Meeresströmungen mit räumlichen Schwankungen des C14-Gehaltes zu rechnen ist.

Den Dendrochronologen ist es also nur gelungen, in vor- und frühgeschichtliche Zeit vorzustoßen, indem sie, die Gültigkeit des Fundamental- und Simultanitätsprinzip unterstellend, konventionelle C14-Daten als Quasi-Absolutdaten verwendet haben. Andererseits ist die Radiokarbonmethode aber selbst zur Kalibrierung ihrer Messwerte auf eine von ihr unabhängige, möglichst weitreichende Baumringchronologie angewiesen. Beide Zeitbestimmungsmethoden sind daher geradezu schicksalhaft über wechselseitige, methodisch unzulässige Vordatierungen miteinander verknüpft. Daraus folgt, dass keine der hier vorgestellten Datierungsmethoden auf sich allein gestellt in der Lage ist, eine lückenlose Absolutchronologie des Spät- und Postglazials aufzustellen [zusammenfassend vgl. hierzu auch BLÖSS 2000, 29ff.]. Sämtliche in der Literatur vorhandenen, auf diese beiden Zeitbestimmungsmetho-

den aufbauenden Absolutdaten für die Nacheiszeit basieren somit auf Zirkelschlüssen und sind deshalb mit hoher Wahrscheinlichkeit falsch. Die in der
wissenschaftlichen Literatur angeführten Absolutdaten sind allenfalls zur Re-
lativdatierung geeignet. Dass selbst dies nur bedingt zutrifft, zeigen Radiokarbondatierungen von archäologischen Fundhorizonten, bei denen die tieferen
und daher zweifelsfrei älteren Schichten ein jüngeres Radiokarbonalter als die
darüber liegenden Schichten aufweisen [vgl. z. B. Ewe 2002, 26].

2.4 Methodische Grundlagen der vorliegenden Untersuchung

Die in Kapitel 2.1 angeführten pollenanalytischen Grundlagen der Rekonstruktion der nacheiszeitlichen Waldgeschichte bilden auch die wesentliche
Grundlage der Argumentation dieses Buches. In Übereinstimmung mit der
etablierten vegetationsgeschichtlichen Forschung wird ferner davon ausgegangen, dass die stratigraphische Abfolge der in Moor- und Seeablagerungen
vorhandenen Pollenspektren in etwa die zeitliche Abfolge der nacheiszeitlichen Wiederbewaldung in der jeweiligen Umgebung eines ausgewerteten
Standorts widerspiegelt. Anknüpfend an chronologiekritische Forschungsan-
sätze wird aber abweichend von der herrschenden Lehre der Zeitraum, in dem
sich die nacheiszeitliche Wiederbewaldung vollzogen haben soll, radikal in
Frage gestellt bzw. zusammengestrichen.

Die naturgeschichtliche Forschung geht bekanntlich davon aus, dass die
eiszeitlichen Gletscher, nachdem sie ihre größte Ausdehnung erreicht hatten,
vor etwa 15.000 Jahren begonnen haben, sich zurückzuziehen bzw. abzu-
schmelzen. Diese Annahme ist Anfang des letzten Jahrhunderts erstmals ge-
äußert worden und seither durch verschiedenste in der etablierten Forschung
als exakt geltende Zeitbestimmungsmethoden immer wieder bestätigt worden.
Hier wird die Auffassung vertreten, dass es bisher keine exakten, von Vordatierungen unabhängigen Zeitbestimmungsmethoden für den Beginn des Glet-
scherrückzuges gibt, und dass die Bestätigung des immergleichen Zeitraums,
der seit dem Ende der letzten Eiszeit vergangen sein soll, auf Zirkelschlüssen
beruht. Mit anderen Worten: In der etablierten Forschung wird, statt Chronologie zu betreiben, nur Chronologie reproduziert.

Die in dieser Untersuchung aus der einschlägigen Literatur übernommenen Zeitangaben sind nicht als absolute Datierungen zu verstehen. Ihnen wird
hier nur ein relativer Aussagegehalt zugebilligt: In der Regel besagt daher ein

höherer Wert (z. B. 8.000 BP) nur, dass ein mit diesem Wert datiertes Ereignis älter ist als ein mit einem niedrigeren Wert (z. B. 5.000 BP) datiertes Ereignis. Die gewöhnlich mit 15.000 Jahren angesetzte Dauer des Spät- und Postglazials wird hier als ›Zeitdiktat‹ bezeichnet, weil die Quartärbotaniker sich nicht trauen, ihr vegetationsgeschichtliches Datenmaterial losgelöst von dieser Zeitvorgabe zu interpretieren. Dies muss immer wieder verwundern, weil das vegetationsgeschichtliche Datenmaterial sich häufig nur widerspenstig in den bisher vorgegebenen Zeitrahmen einfügen lässt. In dieser Untersuchung wird das vegetationsgeschichtliche Datenmaterial daher lösgelöst vom ›Zeitdiktat‹ interpretiert.

Abb. 3.1: Die Vegetation Europas um 20.000 BP im Würm-Hochglazial zur Zeit maximaler Eisausdehnung. In der letzten Phase des Hochglazials, die dem Spätglazial unmittelbar vorausging, herrschten in Europa Vegetationstypen, die an extrem winterkalte und trockene Bedingungen angepasst waren. A = arktische Vegetation; A/P = Steppentundra; P = Steppen, mit weit zerstreuten, isolierten Gehölzvorkommen [aus LANG 1994, 298].

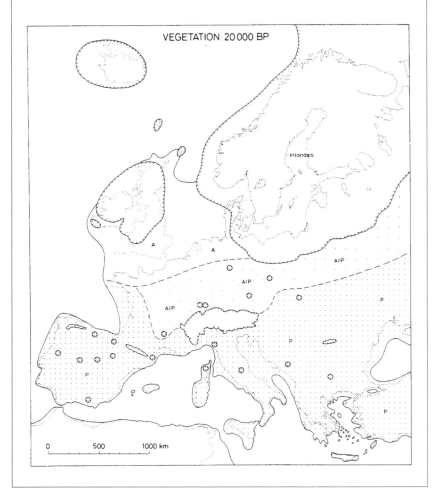

3. Die spät- und postglaziale Waldgeschichte Mitteleuropas aus konventioneller Sicht

3.1 Die eiszeitlichen Refugialgebiete der Gehölze

Man geht heute davon aus, dass während der kältesten Perioden der letzten Eiszeit (dem sogenannten Würm-Hoch- oder Pleniglazial) keine Gehölze zwischen dem nordischen Inlandeis und dem alpinen Vereisungsgebiet überdauern konnten (vgl. **Abb. 3.1**). Sicher scheint dies allerdings nur für die wärmeliebenden Gehölze zu gelten, also z. B. die Hasel oder die Bäume des Eichenmischwaldes. Bei Birken und Kiefern wird über Ausnahmen diskutiert. Die eiszeitlichen Refugien der anspruchsvolleren Gehölze werden vor allem auf der Apennin-, Balkan- und Iberischen Halbinsel, im Karpatenbogen, im südöstlichen und südwestlichen Alpenraum, am Nordufer des Kaspischen Meeres sowie in den Tälern der großen südrussischen Flüsse vermutet [vgl. BURGA & PERRET 1998, 33]. Im Unterschied zu früheren Vorstellungen ist man heute der Auffassung, dass die glaziale Klimaverschlechterung (die nicht nur durch große Kälte, sondern auch durch extreme Niederschlagsarmut charakterisiert ist) zu schnell erfolgt ist, als dass die zonale Vegetation Mitteleuropas hätte ›geordnet‹ nach Süden ausweichen können [vgl. OVERBECK 1975, 366; OTTO 1994, 49]. Nur versprengten Resten wäre es demnach gelungen, nach Süden (bzw. wegen der Alpenbarriere nach Südosten und Südwesten) auszuweichen und sich in voneinander isolierten Populationen an geländeklimatisch bevorzugten Stellen, z. B. in feuchten Flussniederungen oder im niederschlagsreichen submontanen Bereich zu erhalten. LANG [1994, 303] weist darauf hin, dass direkte Hinweise auf derartige Standorte kaum vorhanden sind, »da solch zersplitterte Inselvorkommen pollenanalytisch nur schwer genauer lokalisiert werden können und die Wahrscheinlichkeit der Erhaltung von Großresten in der unmittelbaren Nachbarschaft gering ist«. Die Lage der meisten Refugien konnte daher nur indirekt, z. B. über die rekonstruierten Rückwanderwege der Gehölze erschlossen werden. In jüngster Zeit hat allerdings die Untersuchung der genetischen Verwandtschaft zwischen süd- und nordeuropäischen Gehölzpopulationen neue Erkenntnisse über die eiszeitlichen Refugialgebiete und die Rückwanderwege der Gehölze geliefert [vgl. HEWITT 2000]. Dabei wurde festgestellt, dass das bedeutendste Refugialgebiet für mitteleuropäische Gehölze im Bereich der Balkanhalbinsel lag.

Abb. 3.2: Typische Übersicht über die holozäne und spätglaziale Vegetations- und Klimaentwicklung im nordwestlichen Mitteleuropa. Vegetationsentwicklung nach FIRBAS [1949] u. ungefähre Juli-Mitteltemperaturen nach VAN DER HAMMEN et al. [1967].

	Zeit (BP con.)	Pollenzonen u. Klimacharakteristiken	Vegetationsentwicklung
Holozän (Nacheiszeit)	0.000 I 1.000	X. Jüngeres Subatlantikum Jüngere Nachwärmezeit ›kühl-feucht‹ / Juli-Mittel: ~16-18 °C	Anthropogen beeinflusste Wälder: Nieder- u. Hudewälder, Forste; starke Zunahme von Getreide-, Wildgras- u. Unkrautpollen
	1.000 I 2.500	IX. Älteres Subatlantikum Ältere Nachwärmezeit ›kühl-feucht‹ / Juli-Mittel: ~16-18 °C	Buchenzeit: Massenausbreitung der Buche und Zunahme der Hainbuche
	2.500 I 5000	VIII. Subboreal Späte Wärmezeit ›warm-trocken‹ / Juli-Mittel: ~17-19 °C	Eichenmischwald-Buchen-Zeit: Allmählicher Rückgang des Eichenmischwaldes und fortschreitende Ausbreitung der Buche
	5.000 I 8.000	VII. Jüngeres Atlantikum Jüngere Wärmezeit ›warm-feucht‹ / Juli-Mittel: ~19-20 °C VI. Älteres Atlantikum Ältere Mittlere Wärmezeit ›warm-feucht‹ / Juli-Mittel: ~19-20 °C	Eichenmischwaldzeit: Vorherrschend Eiche, Ulme, Linde, Esche, Ahorn und Hasel sowie Zunahme von Erlenbruchwäldern
	8.000 I 9.000	V. Boreal Frühe Wärmezeit ›warm-trocken‹ / Juli-Mittel: ~17-19 °C	Haselzeit: Massenausbreitung der Hasel in Kiefern-Birkenwäldern und beginnende Ausbreitung von Arten des Eichenmischwaldes
	9.000 I 10.000	IV. Präboreal / Vorwärmezeit rasanter Temperaturanstieg Juli-Mittel: ~15-17 °C	Birken-Kiefern-Zeit: Vorherrschend Birke und Kiefer sowie Einwanderung der Hasel und anderer wärmeliebender Gehölze
Spätglazial (Späteiszeit)	10.000 I 11.000	III. Jüngere Dryaszeit deutlicher Temperaturrückschlag ›kalt‹ / Juli-Mittel: ~7-9 °C	Jüngere Parktundrenzeit: Auflockerung der Kiefern-Birkenwälder und Wiederausbreitung der Steppentundra
	11.000 I 12.000	II. Alleröd-Interstadial wärmster Abschnitt Spätglazial ›gemäßigt‹ / Juli-Mittel: ~12-14 °C	Kiefern-Birkenzeit: Ausbreitung von Kiefern- und Kiefern-Birkenwäldern; starker Rückgang von Nichtbaumpollen
	12.000 I 12.500	Ic. Ältere Dryaszeit Temperaturrückschlag ›kalt‹ / Juli-Mittel: ~6-7 °C	Ältere Parktundrenzeit: Steppentundra; Rückgang von Baumbirken
	12.500 I 13.000	Ib. Bölling-Interstadial Temperaturanstieg ›gemäßigt‹ / Juli-Mittel: ~11-13°C	Birken-Parktundrenzeit: Steppentundra; Ausbreitung von Baumbirken, Weiden, Wacholder und Sanddorn
	13.000 I 15.000	Ia. Älteste Dryaszeit Beg. des raschen Gletscherrückzuges ›kalt‹ / Juli-Mittel: ~5-6 °C	Baumlose Tundrenzeit: baumlose Tundra und Steppentundra; Zunahme von Strauchweiden und Zwergbirken
	15.000 I 20.000	0. Weichsel/Würm-Hochglazial Zeit der größten Gletscherausdehnung ›kalt‹ / Juli-Mittel: ~1-2 °C	Frostschutt-Tundra

Aufgrund der in Moor- und Seeablagerungen gefundenen Baumpollen und Großreste gilt als sicher, dass es als Folge der Erwärmung schon während der Späteiszeit und der frühen Nacheiszeit wieder zu einer Ausweitung der kaltzeitlichen Verbreitungsgrenzen der Gehölze gekommen sein muss (vgl. **Abb. 3.2**). Die Ausweitung der Verbreitungsgrenzen wird auch als Wanderung der Gehölze bezeichnet. Davon zu unterscheiden ist die Ausbreitung oder Massenausbreitung der Gehölze in einem Gebiet, in dem es bereits eingewandert ist, aber noch nicht alle optimalen Standorte eingenommen hat. Grundsätzlich wird in der vegetationsgeschichtlichen Literatur zwischen Baumgattungen, die in den meisten Teilen des Mittelmeergebietes die Kaltzeit überdauerten (z. B. die Stiel- und Traubeneiche) und dann auf breiter Front von Süden nach Norden in Mitteleuropa einwanderten, von solchen unterschieden, die nur ein begrenztes eiszeitliches Refugium hatten und sich daher gerichtet ausbreiteten. GLIEMEROTH [1995, 71] führt hier als Beispiel die Hasel an, die ihr glaziales Refugium im östlichen Mittelmeergebiet hatte und sich hauptsächlich Südost-Nordwest gerichtet ausgebreitet haben soll. Zwischen diesen Einwanderungs- bzw. Ausbreitungstypen gibt es viele Mischformen. So verfügte die Fichte neben ihren eiszeitlichen Refugien auf der Balkanhalbinsel vermutlich noch über Rückzugsgebiete in West- und Mittelrussland. Sie breitete sich daher sowohl von Südosten als auch von Osten bzw. Nordosten in Richtung Mitteleuropa aus [vgl. LANG 1994, 140f].

Bezüglich der letzteiszeitlichen Refugien, der Wanderung und Massenausbreitung der Gehölze ist eine Vielzahl von widersprüchlichen und spekulativen Angaben in der einschlägigen Literatur zu finden. Als Beispiel sei hier angeführt, dass nach KÜSTER [2000, 92] die Hasel nicht wie bei GLIEMEROTH [1995, 71] von Südosten, sondern von der entgegengesetzten Seite der Alpen, nämlich von Südwesten her nach Mitteleuropa einwandert. Solche Widersprüche finden sich nicht nur in Veröffentlichungen unterschiedlichen Datums, sondern sogar unkommentiert im selben Tagungsband. So stellt POTT [2000, 61] im Tagungsband »Entwicklung der Umwelt seit der letzten Eiszeit« fest, dass sich die Fichten nur dort ausbreiteten, wo die Hasel den Boden vorbereitet hatte, während KÜSTER [2000, 93] wenige Seiten später behauptet: »Ein Vorkommen der Fichte und eine größere Bedeutung der Hasel schlossen sich also weitgehend aus«. Dass sich POTT bei seiner Feststellung auch noch auf KÜSTER [1995] beruft, vollendet die Verwirrung. Das auffällige Nebeneinander widersprüchlicher Hypothesen in der vegetationsgeschichtlichen Literatur kann nicht allein damit erklärt werden, dass die verschiedenen Autoren ihre Interpretationen auf jeweils andere Pollenprofile stützen. Vielmehr scheint es ein Indiz dafür zu sein, dass die rekonstruierten Ausbreitungskarten der Gehölze wohl häufig mehrere Deutungen zu lassen. Pointiert formuliert: In der vegetationsgeschichtlichen Forschung sind seit dem Standardwerk »Waldgeschichte Mitteleuropas« von FIRBAS [1949] außer neuen Spekulationen und der Lösung einiger Detailprobleme wenig gesicherte Erkenntnisse hinzugewonnen worden.

3.2 Grundzüge der spät- und postglazialen Ausbreitung der Gehölze

Vergleicht man anhand von Pollendiagrammen die nacheiszeitliche Waldentwicklung in mitteleuropäischen Landschaften, so sind gemeinsame Züge festzustellen: Innerhalb der rezenten Verbreitungsgrenze der Rotbuche (*Fagus sylvatica*) beginnt sie immer mit der Vorherrschaft von Birken (*Betula*) und Kiefern (*Pinus*); danach folgt eine Massenausbreitung der Hasel (*Corylus avellana*) und wenig später der Bäume des Eichenmischwaldes, d. h. von Eiche (*Quercus*), Ulme (*Ulmus*), Linde (*Tilia*), Esche (*Fraxinus excelsior*) und Ahorn (*Acer*). Zuletzt folgt die Ausbreitung der Buche (*Fagus sylvatica*) oder von Buche und Tanne (*Abies alba*) als Klimaxwaldgesellschaft. Der weitgehend identische Ablauf der nacheiszeitlichen Wiederbewaldung in Mitteleuropa wurde ursprünglich als »historische Grundsukzession Mitteleuropas« [RUDOLPH 1931, 116] bezeichnet. Wegen ihrer verblüffenden Übereinstimmung mit der natürlichen Sukzession auf einer abgeholzten Fläche wurde die »mitteleuropäische Grundsukzession« später von FIRBAS [1949, 54] vermutlich aus Gründen der sprachlichen und theoretischen Abgrenzung von bloßer Sukzession als »mitteleuropäische Grundfolge der Waldentwicklung« bezeichnet. In Pollendiagrammen spiegelt sich die mitteleuropäische Grundfolge in Zonen verhältnismäßig einheitlicher Pollenführung wider: Nichtbaumpollenzone und Zwergstrauchzone, Birken-Kiefernzone, Haselzone, Eichenmischwaldzone und Buchenzone.

Nach FIRBAS [1949, 54] hat sich die Ausbreitung anderer Holzarten wie Fichte (*Picea alba*), Weißtanne (*Abies alba*) und Hainbuche (*Carpinus betulus*) in den verschiedenen Landschaften an unterschiedlichen Stellen in die Grund- bzw. Zonenfolge eingeschaltet. So beginnt z. B. die Ausbreitung der Fichte in den Ostalpen schon während der dortigen Kiefernzeit (Präboreal), im Bayerischen Wald während der Haselzeit (Boreal) und im Harz erst während der Eichenmischwaldzeit (Atlantikum). Ferner waren, bedingt durch regionalklimatische und edaphische Unterschiede, Ablauf und Ergebnis der holozänen Wiederbewaldung in den einzelnen Landschaften Mitteleuropas nicht völlig identisch. So dominierte z. B. in der Eichenmischwaldphase im südlichen Alpenvorland die Ulme (vor allem die Bergulme, *Ulmus glabra*) während im nördlichen Alpenvorland die Trauben- und Stieleiche (*Quercus petrea* und *Quercus robur*) vorherrschte [KÜSTER 2000, 93f]. Und während im nordwestlichen Mitteleuropa die Schlusswaldgesellschaft durch reine Buchenwälder gebildet wird, dominieren in der montanen Stufe des südlichen Mitteleuropa Buchen-Tannenwälder das Klimaxstadium. Zusammenfassend lässt sich nach FIRBAS [1949, 56] feststellen,»dass sich die in den verschiedenen Landschaften feststellbaren Abläufe der Waldentwicklung zu einem gesetzmäßigen System anordnen lassen, das eine relative Altersbestimmung der Waldzeiten in verschiedenen Landschaften möglich macht«. Dies setzt allerdings voraus, dass sich bestimmte Gehölze wie Birken und Kiefern, Hasel oder auch die Baumarten des Eichenmischwaldes jeweils sehr schnell, wenn nicht gar gleichzeitig in den verschiedenen mitteleuropäischen Landschaften ausgebreitet haben.

Die relative Altersbestimmung bzw. zeitliche Konnektierung von Pollendiagrammen aus verschiedenen Landschaften wird manchmal durch Aschelagen in Moor- und Seeablagerungen unterstützt, die bestimmten Vulkanausbrüchen zugeordnet werden können (vgl. **Abb. 3.3**). Für Mitteleuropa ist vor allem der Ausbruch des Laacher-See-Vulkanes in der Eifel von großer Bedeutung, dessen Asche (Laacher-See-Tephra) im Bereich von zwei riesigen Fächern zwischen Gotland im Norden und Turin im Süden gefunden wurde (vgl. **Abb. 3.4**). Die Verfrachtung der Laacher-See-Tephra in divergierende Himmelsrichtungen lässt sich wahrscheinlich darauf zurückführen, dass die im geringen Abstand erfolgenden Tuffauswürfe in verschieden hohe atmosphärische Schichten mit unterschiedlichen Windrichtungen gelangten. Das gesamte in Ascheschichten sedimentierte Tephravolumen wird auf ca. 20 km³ geschätzt. Da die Tephra den jüngsten Löß und eine Station der Kulturstufe des Magdalénien überlagert, war ihr junges, spätglaziales Alter seit langem bekannt [FIRBAS 1952, 70]. Aufgrund von Radiokarbonmessungen wird der Ausbruch auf ca. 11.000 BP (»Before Present« = Jahre vor 1950) in die zu Ende gehende Alleröd-Klimaschwankung datiert [vgl. KAISER 1993, 157ff.].

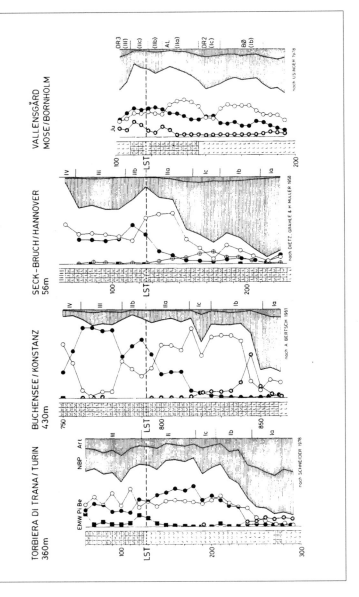

Abb. 3.3: Tephrochronologische Konnektierung von Pollenprofilen aus Seeablagerungen zwischen Oberitalien und der Ostsee anhand der Laacher-See-Tephra (LST). Die beiden linken Profile stammen aus dem Südfächer, die beiden rechten aus dem Nordostfächer des Laacher-See-Vulkanes (vgl. auch Abb. 3.4). Vegetation: Art = *Artemisia* (Beifuß), Be = *Betula* (Birke), EMW = Eichenmischwald, Ju = *Juniperus* (Wacholder), NBP = Nichtbaumpollen, Pi = *Pinus* (Kiefer), Sa = *Salix* (Weide) [aus LANG 1994, 75].

Da die Eruption nach konventioneller Schätzung ca. 200 Jahre vor dem Ende des Alleröd stattgefunden hat, besteht aber zwischen dem Vulkanausbruch und dem Kälterückschlag zu Beginn der Jüngeren Dryaszeit vermutlich kein ursächlicher Zusammenhang (vgl. hierzu auch Kap. 4.2.1).

3.3 Die zeitliche Gliederung der spät- und postglazialen Waldgeschichte in stratigraphische Zonen

Für einen vergleichenden Überblick über den historischen Ablauf der Waldentwicklung ist eine differenzierte zeitliche Gliederung erforderlich. Da sich alle zeitlichen Untergliederungen methodisch an den Profilen spät- und nacheiszeitlicher Ablagerungen orientieren, spricht man auch von stratigraphischen Gliederungen. LANG [1994, 82] unterscheidet zwischen archäo-, morpho-, bio-, klimato- und chronostratigraphischen Gliederungen. Aus vegetationsgeschichtlicher Perspektive ist die biostratigraphische Gliederung von größter Bedeutung. Darunter versteht man die zeitliche Gliederung der Waldgeschichte anhand von Pollen- und untergeordnet auch Großrestfunden. Dazu teilt man die Pollendiagramme in mehrere Zonen ein, die sich durch bestimmte, untereinander ähnliche Pollenspektra auszeichnen und die sich voneinander durch größere Unterschiede trennen lassen [STRAKA 1970, 185]. Die Zonierung eines Pollendiagramms kann rein visuell oder per Clusteranalyse vorgenommen werden [KUBITZ 2000, 24]. Die Bio- oder Pollenzonen werden mit römischen Zahlen bezeichnet. Die Zonensysteme verschiedener Autoren weichen zwar je nach Differenzierungsgrad und räumlichen Geltungsbereich voneinander ab, lassen sich aber meist korrelieren. Die biostratigraphischen Zonen können zweckmäßigerweise nach den jeweils vorherrschenden Baumarten, also z. B. Birken-Kiefern-, Hasel-, Eichenmischwald- oder Buchen bzw. Buchen-Tannenzeit, benannt werden.

Die einfachste biostratigraphische Gliederung ist die bereits in Kapitel 3.2 erwähnte »mitteleuropäische Grundsukzession« von RUDOLPH [1931]. Diese Zonengliederung ist von FIRBAS [1949] für Mitteleuropa und von OVERBECK [1975] für Nordwestdeutschland verfeinert und klimatisch interpretiert worden. Die biostratigraphische Gliederung leitet daher bereits zur klimatostratigraphischen Gliederung über. Die bis heute allgemein übliche Benennung der bio- und klimatostratigraphischen Zonen lehnt sich für die Zeit des Postglazials eng an das von A. BLYTT (1876) aufgestellte und später von R. SERNANDER

Abb. 3.4: Verbreitung der Laacher-See-Tephra (LST) in europäischen See- und Moorablagerungen; Zahlenangaben = Schichtmächtigkeiten in mm [nach VAN DEN BOGAARD aus LANG 1994, 74].

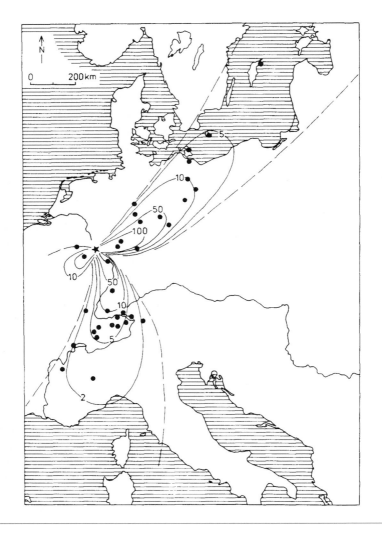

(1908) weiterentwickelte System des nacheiszeitlichen Klimawechsels an. Nach BLYTT und SERNANDER haben sich im Holozän folgende kontinentale und ozeanische Phasen einander abgelöst (vgl. **Abb. 3.2**): Präboreal (Vorwärmezeit), Boreal (Frühe Wärmezeit), Atlantikum (Mittlere Wärmezeit), Subboreal (Späte Wärmezeit) und Subatlantikum (Nachwärmezeit). Für die vom BLYTT-SERNANDERschen System nicht weiter differenzierte Zeit des Spätglazials (»Subarktikum«) hat sich folgende Zonen- bzw. Zeiteinteilung eingebürgert: Älteste Dryas, Bölling u. Ältere Dryas, Alleröd und Jüngere Dryas. Die Namen »Bölling» und »Alleröd« gehen auf die skandinavischen Fundorte entsprechender Ablagerungen zurück. Die Dryas-Zeiten sind nach der Pflanze *Dryas octopétala* (Silberwurz) benannt, die eine typische kälteverträgliche Tundrenpflanze ist. Sie kommt allerdings wie viele andere arktische Pflanzen auch in den Alpen vor.

Das BLYTT-SERNANDERsche System des mehrfachen thermischen und hygrischen Klimawechsels im Holozän basiert auf der Auswertung des unterschiedlichen Zersetzungsgrades und der wechselnden Zusammensetzung skandinavischer Torfprofile (vgl. **Abb. 3.5**). Später hat sich aber durch eine Vielzahl von pollenanalytisch und stratigraphisch untersuchten Moorprofilen herausgestellt, dass der postglaziale Klimaablauf im einzelnen wesentlich komplizierter gewesen ist, als ursprünglich angenommen wurde. So hat es innerhalb der einzelnen Großperioden (Atlantikum, Subboreal etc.) auch noch kürzere klimatische Oszillationen gegeben, bei denen sich feuchtere und trockenere Phasen abgelöst haben. In der vegetationsgeschichtlichen Literatur ist daher immer wieder betont worden, dass die BLYTT-SERNANDERsche Klimawechsellehre mit ihrer Ablösung ozeanischer und kontinentaler Phasen insbesondere bezüglich den Feuchtigkeitsschwankungen nicht aufrechterhalten werden kann [vgl. RUDOLPH 1931, 124; GROSS 1931, 3ff.; FIRBAS 1949, 65ff.; OVERBECK 1975, 391; SCHÜTRUMPF & SCHMIDT 1977, 28; LANG 1994, 85]. Bei soviel kritischer Distanz der Vegetationsgeschichtler zur Klimawechsellehre ist allerdings verwunderlich, dass sie in der Namensgebung der Bio-, Klimato- und sogar Chrono-Zonen bis heute fortlebt. Dies zeigt, wie schwer es den Vegetationsgeschichtlern fällt, sich angesichts fehlender Alternativen von den (vielleicht gar nicht so falschen) alten Vorstellungen zu trennen.

Der Nachteil der auf biostratigraphische Daten basierenden, überregional gültigen Zonierungssysteme besteht nach konventioneller Auffassung darin, dass sie je nach geographischer Lage und Situation zeitlich differieren können

Abb. 3.5: Schematische Darstellung der
BLYTT-SERNANDERschen Klimaperioden
an der nacheiszeitlichen Entwicklung eines skandinavischen Hochmoores [nach
HOLMSEN aus GAMS & NORDHAGEN 1923,
230].

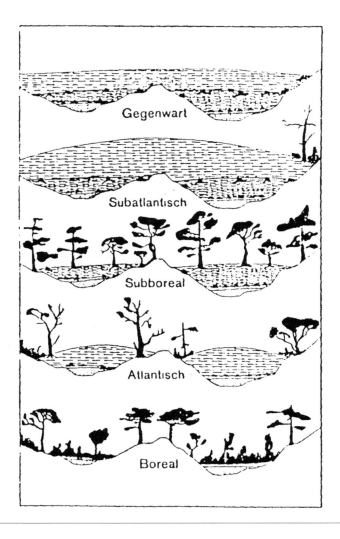

[vgl. KUBITZ 2000, 6f]. So soll z. B. die Eichenmischwaldphase in Süd-deutschland bedingt durch die kürzere Wegstrecke zu den südeuropäischen Refugialgebieten in einer ›zeitlich‹ tieferliegenden Zone eines Pollenprofils als in Norddeutschland beginnen. Darüber hinaus können aus dem Pollenpro-fil einer Lokalität aufgrund der regional variierenden ökologischen Faktoren nur begrenzt überregionale Aussagen abgeleitet werden. Vor dem Hinter-grund der allgemein akzeptierten langen Geschichte der nacheiszeitlichen Wiederbewaldung fallen die zeitlichen Unterschiede zwischen den mitteleu-ropäischen Regionen naturgemäß stärker ins Gewicht. Bedeutend weniger gravierend wären die regionalen Differenzen bei einer kurzen Zeitschiene und schnellen Wiederbewaldung. So betrug z. B. nach einer Schätzung von RU-DOLPH [1931, 148] der Zeitunterschied im Beginn und Ende der nacheiszeitli-chen Wiederbewaldung (»mitteleuropäische Grundsukzession«) selbst bei entgegengesetzter mitteleuropäischer Grenzlage (Süd-Nord) kaum mehr als etwa ein Jahrtausend und nicht, wie heute behauptet wird, mehrere Jahrtau-sende. Bei einer Zusammenstauchung der überdehnten Zeitschiene würde die von RUDOLPH postulierte Zeitdifferenz bei der Wiederbewaldung noch gerin-ger ausfallen.

Aufgrund der vorgenannten Probleme sind von den Vegetationsgeschicht-lern Alternativen zu den klassischen überregionalen biostratigraphischen Zo-nierungen entwickelt worden. Z. B. werden die Pollendiagramme in »Local Pollen Assemblages Zones« (LPAZ) mit einheitlicher Pollenzusammenset-zung eingeteilt. Diese in gewissem Sinne Pflanzengesellschaften widerspie-gelnden LPAZ tragen zwar zur ökologischen Interpretation der Vegetations-entwicklung an einer Lokalität bei; sie lassen sich aber nur noch mittels frag-würdiger absoluter Altersbestimmungsmethoden mit Pollendiagrammen ande-rer Lokalitäten parallelisieren. Davon abweichend gibt es auch Bestrebungen, völlig auf die Ausweisung biostratigraphischer Zonierungen zu verzichten und die Pollendiagramme mittels absoluter Altersbestimmungen in Chrono-Zonen zu gliedern. Diese Bestrebungen zeichnen sich allerdings durch eine gewisse Halbherzigkeit aus, weil sich die chronostratigraphischen Gliederun-gen nicht nur eng an der biostratigraphischen Zonierung von FIRBAS [1949] orientieren, sondern auch noch deren (aktualisierte) Bezeichnungen überneh-men [vgl. z. B. LANG 1994, 88]. Der Unterschied zwischen beiden Zonie-rungssystemen besteht dann lediglich darin, dass die aus Pollendiagrammen abgeleiteten Zonengrenzen in der chronostratigraphischen Gliederung auf

Abb. 3.6: Chronostratigraphische Gliederung des Spät- und Postglazials. Zeitskala mit konventionellen Radiokarbonjahren (BP conv) und dendrochronologisch kalibrierten Kalenderjahren (BP cal u. AD/BC). Während die Kalibrierkurve für die letzten zwei Jahrtausende relativ geringe Abweichungen der C14-Daten gegenüber dem ›wahren‹ Alter zeigt, betragen die Abweichungen im Subboreal und Atlantikum bis zu 1.000 Jahre. Für das frühe Holozän und Spätglazial deuten sich nach Erkenntnissen der Jahresschichten-Analyse Unterschiede ähnlichen Ausmaßes an [nach MANGERUD et al. aus LANG 1994, 88].

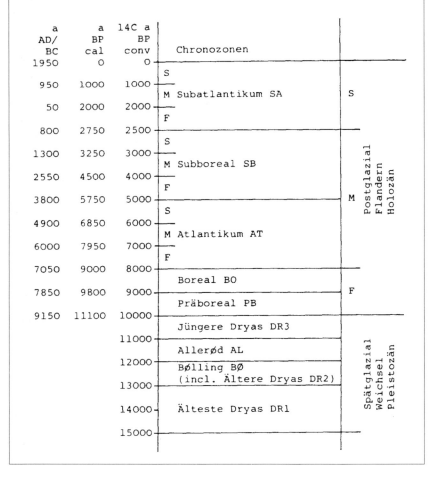

ganze Jahrtausende gerundet werden (vgl. **Abb. 3.6**). Sowohl gegen die Einteilung der Pollendiagramme in LPAZ als auch in Chrono-Zonen ist einzuwenden, dass in solchen Gliederungen (sich in der Pollenzusammensetzung niederschlagende) überregionale Ereignisse in ihrer Bedeutung gar nicht mehr wahr genommen oder verwischt werden.

Am konsequentesten wird die Umstellung von biostratigraphisch auf chronostratigraphisch gegliederte Pollendiagramme von KÜSTER [1994, 35f] gefordert und umgesetzt. Er bezeichnet die biostratigraphische Gliederung der Pollendiagramme als ›Holzweg‹, weil eine Epochengliederung aus den Pollendiagrammen gar nicht ableitbar sei. Ferner würde durch eine Epochengliederung die Grundaussage unterdrückt, dass Ökosysteme einem ständigen Wandel unterworfen seien. Diesen durchaus im Sinne des vorliegenden Buches formulierten Gedanken setzt KÜSTER in die Praxis um, indem er in einem radiokarbondatierten Pollendiagramm auf die üblichen Zonengliederungen verzichtet und mögliche Sukzessionsschritte mit Pfeilen hervorhebt (vgl. **Abb. 3.7**). Da KÜSTER in dem Pollendiagramm die allgemein übliche radiokarbondatierte Zeitachse verwendet, dauern die von ihm vorgeschlagenen Sukzessionen bis zu 1.000 Jahre. Tatsächlich spielen sich die in **Abb. 3.7** hervorgehobenen Sukzessionen aber nicht in Jahrtausenden, sondern höchstens in wenigen Jahrhunderten ab (vgl. hierzu auch Kap. 4.1.1). Auch KÜSTER scheint diese Unstimmigkeit bemerkt zu haben. Er versucht sie nämlich auszuräumen, in dem er das »Zutun des Menschen« betont und schlussfolgert, dass alle wichtigen Umweltentwicklungen im Holozän anthropogen gesteuert bzw. ausgelöst worden sind. In Kapitel 4.3 wird von mir gezeigt, dass sich KÜSTER mit der Überbetonung des anthropogenen Einflusses ebenfalls auf einen ›Holzweg‹ begibt.

3.4 Die absolute Altersbestimmung der spät- und postglazialen Waldgeschichte

Für die Dauer der spät- und postglazialen Waldgeschichte lagen ähnlich wie für den Zeitraum, der seit der maximalen Eisausdehnung im Würm-Glazial vergangen ist, zunächst nur grobe Schätzungen anhand von Sedimentaufschüttungen oder Verwitterungstiefen vor [vgl. WOLDSTEDT 1954, 215f]. Die Schätzungen bewegten sich in einer Größenordnung von ca. 10-25.000 Jahren. Bei näherer Überprüfung erwiesen sich diese Datierungen jedoch als nicht haltbar. In einer Schotterterrasse, die von den berühmten Glazialgeolo-

Abb. 3.7: Pollendiagramm vom Görbelmoos bei Weßling. Das Diagramm ist durch C14-Messungen chronostratigraphisch datiert. Die Pfeile sollen mögliche Sukzessionsschritte hervorheben. Aufgrund der radiokarbondatierten Zeitachse laufen die vermuteten Sukzessionen viel zu langsam ab [aus KÜSTER 1994, 36].

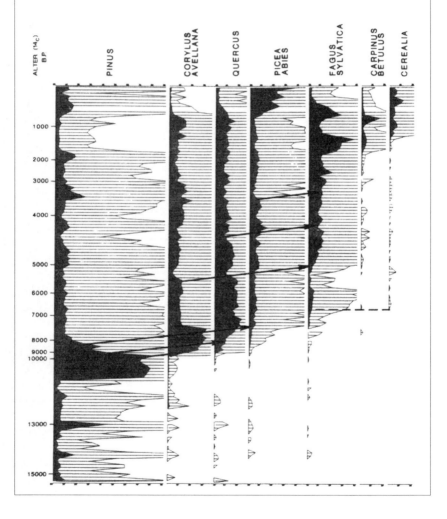

gen ALBRECHT PENCK und EDUARD BRÜCKNER in die letzte Kaltzeit (Würmeis-
zeit) datiert worden war, fand sich bei späterer Überprüfung nicht nur Material aus Zwischeneiszeiten, sondern sogar »ein verrostetes Stück von einem
Fahrrad« [OLDROYD 1998, 221]. Dieser kuriose Fund soll hier allerdings nicht
so verallgemeinert werden, dass alle Schotterterrassen weniger als 100 Jahre
alt sind.

Eine exaktere absolute Altersbestimmung der waldgeschichtlichen Pollenzonen erfolgte erst, als es den Quartärbotanikern gelang, die spätglaziale Ve-
getations- bzw. Klimaentwicklung so differenziert zu erfassen, dass sie mit
dem Rückzug des nordischen Inlandeises verknüpft werden konnte [FIRBAS
1949, 68f]. Der schwedische Wissenschaftler GERARD DE GEER hatte schon gegen Ende des 19. Jahrhunderts versucht, den Beginn des Eisrückzugs in Skandinavien durch die Auszählung von sogenannten Bändertonschichten bzw.
Warven abzuschätzen (vgl. hierzu Kap. 2.2.2). Später konnte dann die sogenannte Bänderton- oder Warvenchronologie mit der spät- und postglazialen
Waldgeschichte verknüpft werden. Dies gelang über die spätglaziale
Alleröd-/Jüngere Dryaszeit-Klimaschwankung, die sowohl in pollenanalytisch
ausgewerteten Sediment- und Moorablagerungen als auch in ausgezählten
Bändertonschichten nachgewiesen werden konnte [ebd.]. Darüber hinaus
konnten warvig geschichtete Sedimente später auch direkt pollenanalytisch
ausgewertet werden.

Die nacheiszeitliche Bändertonchronologie von DE GEER baut auf einer
Verknüpfung einzelner Bändertonprofile aus weit auseinanderliegenden
Schmelzwasserbecken im Rückzugsgebiet des skandinavischen Inlandeises
auf. In Zusammenhang mit eher hypothetischen Überlegungen zur Zeitdauer
des Eisrückzuges von Nordwestdeutschland bis Südskandinavien gelangte DE
GEER zu einer Zahl von ca. 14.000 Jahren seit dem Beginn des Abschmelzens
der eiszeitlichen Gletscher. Die Zuverlässigkeit der schwedischen Warvenchronologie stand allerdings bei den Vegetationsgeschichtlern nicht völlig außer Zweifel, weil wichtige Unterlagen von DE GEER erst spät zugänglich gemacht wurden, wegen der möglichen Verwechslung von Jahres- und Tageswarven sowie der unsicheren Anknüpfung der Chronologie an die Gegenwart
[vgl. z. B. FIRBAS 1949, 69]. Auch von dem Altmeister der Chronologiekritik
IMMANUEL VELIKOVSKY [1983, 169] wurde die unkritische Aneinanderreihung
von Bändertonserien aus verschiedenen Bohrprofilen bereits vor fünfzig Jahren als eine äußerst subjektive Angelegenheit eingestuft.

BLÖSS & NIEMITZ [1998b, 395ff.] zeigen, dass diese Einschätzung nicht nur auf die Fernkonnektierung von verschiedenen Bändertonprofilen, sondern auch für die Auswertung von lückenlos überlappenden, überwiegend aus organogenen Sedimenten aufgebauten Bohrprofilen zutrifft. Sie kommen zu dem Ergebnis, dass durch die Analyse geschichteter Sedimente keinesfalls gesicherte Absolutdaten erzeugt werden können. Dies bestätigt auch die pollenanalytische Untersuchung eines »hochauflösenden«, ca. 11 m langen, fast die gesamte Nacheiszeit umfassenden Warvenprofils aus dem Meerfelder Maar in der Eifel. Als man bei diesem Profil gravierende Abweichungen zwischen warvenchronologischen und archäologisch-pollenanalytischen Datierungen feststellte, wurden im Nachhinein offensichtliche Unstimmigkeiten durch »eine gründliche Überprüfung der Warvenzählung in kritischen Abschnitten« [KUBITZ 2000, 23] ausgeräumt. Hier drängt sich der Eindruck auf, dass auch mit der Warvenchronologie weniger Chronologie betrieben als reproduziert wird.

In Kapitel 2.3 wurde gezeigt, dass die seit den fünfziger Jahren des letzten Jahrhunderts auch in der Quartärbotanik zunehmend eingesetzte Radiokarbonmethode keine verlässlichen Absolutdaten für die spät- und postglaziale Waldgeschichte liefern kann. Bei den Quartärbotanikern stieß die C14-Methode auf sehr viel Resonanz, da sie eine exakte Altersbestimmung organischer Materialien ermöglichen sollte – und zwar ohne die zu datierenden Proben einer mühselig zu schaffenden Standardchronologie zuordnen zu müssen. Darüber hinaus sollte die C14-Methode nicht nur für die gesamte Nacheiszeit, sondern auch für einen Großteil der letzten Eiszeit absolute Daten liefern, also für einen Zeitraum, der für die Quartärforscher von besonderem Interesse ist. Zur Überraschung der Quartärbotaniker wurden mit der C14-Methode die Ergebnisse der Bändertondatierung und damit die über 10.000 Jahre dauernde, nacheiszeitliche Waldgeschichte »verblüffend gut« [OVERBECK 1975, 380] bestätigt. Diese Übereinstimmung ist aber aus chronologiekritischer Sicht eher als Hinweis darauf zu deuten, dass beide Methoden sich an chronologischen Eckdaten orientieren, die bereits vor der Entwicklung dieser Methoden allgemein akzeptiert wurden [BLÖSS 2000, 33].

Nachdem zu Beginn der sechziger Jahre des letzten Jahrhunderts festgestellt wurde, dass C14-Startaktiväten nicht konstant sind, sondern erheblichen Veränderungen unterliegen, wurden auch von den Quartärbotanikern zunehmend kalibrierte C14-Werte für die Datierung der Pollenprofile verwendet. Dies führte zu einer Alterung der bisherigen (unkalibrierten) Absolutdaten für den Ablauf der nacheiszeitlichen Waldgeschichte um bis zu 1.100 Jahren (vgl. **Abb. 3.6**). In Kap. 2.3 wurde bereits gezeigt, dass die dendrochronologisch erzeugten Kalibrierkurven auf Zirkelschlüssen beruhen und deshalb nicht geeignet sind, das Problem der variierenden C14-Startaktivitäten zu lösen. Hinzu kommt, dass die zur Kalibrierung erstellten Baumringchronologien nur bis an den Beginn des Postglazials und nicht bis ins Spätglazial (10.000 – 15.000 BP) zurückreichten. Diese Kalibrierungslücke erwies sich für die Quartärforscher als besonders schmerzlich, weil insbesondere für das ›unruhige‹ Ende der letzten Eiszeit Hinweise auf erhebliche Veränderungen des C14-Gehaltes der Atmosphäre und damit der C14-Startaktivitäten der zu datierenden Proben vorlagen. Es wurde daher versucht, diese Kalibrierungslücke u. a. durch die Korrektur konventioneller C14-Daten mit anderen radiometrischen Altersbestimmungsmethoden wie z. B. der Uran-Thorium-Methode zu schließen. Damit wurden die Datierungsprobleme allerdings nur verschoben und nicht gelöst, weil durch diese Altersbestimmungsmethoden ebenfalls keine Altersangaben in Kalenderjahren erzeugt werden können.

In vegetationsgeschichtlichen Arbeiten wird die spätglaziale Kalibrierungslücke zwar erwähnt, aber bei der Auswertung des Datenmaterials häufig methodisch nicht ausreichend berücksichtigt. So werden C14-Datierungen für diese Zeit nicht nur unkalibriert verwendet, sondern auch so interpretiert, als entspräche ein Radiokarbonjahr einem Kalenderjahr. Ein aufschlussreiches Beispiel dafür, wie ›schwimmende‹ Baumringsequenzen unter der falschen Voraussetzung einer stationären C14-Startaktivität im Spätglazial über C14-Vordatierungen verknüpft und absolut datiert werden, findet sich in einer klima- und vegetationsgeschichtlichen Arbeit von KAISER [1993]. KAISER hatte versucht, anhand von subfossilen Kiefernbaumstümpfen aus einer Tongrube im Schweizer Mittelland die Dauer der spätglazialen Bewaldung festzustellen. Der von KAISER bearbeitete Zeitraum (nämlich die Bölling/Alleröd-Wärmephase) ist bezüglich der Verzahnung von Baumringsequenzen günstig, da die zu bestimmende Zeitzone klimatisch und vegetationsgeschichtlich eindeutig begrenzt ist: Weder in der Ältesten Dryaszeit, die der Böllingzeit vorausgeht, noch in der Jüngeren Dryaszeit, die dem Alleröd folgt, konnten aufgrund der glazialen Klimabedingungen Bäume wachsen. Obwohl also die Bäume aus einem relativ kurzen Zeitraum stammen müssen, gelingt es KAISER nicht, die Jahrringsequenzen der eng beieinander gefundenen Bäume rein

Abb. 3.8: Zusammenstellung von C14-Daten einer Alleröd-Kiefern-Jahrringchronologie aus der Lehmgrube »Dättnau« (Schweiz); links: Winkelhalbierende nach Kaiser; rechts: tatsächlicher Trend; links aus KAISER [1993, 37], rechts aus BLÖSS & NIEMITZ [2002]. BLÖSS & NIEMITZ weisen in ihrem Artikel darauf hin, dass Baumringchronologien generell falsch aufgebaut sind, falls ›schwimmende‹ Jahrringsequenzen über die Winkelhalbierende statt über den tat-sächlichen Trend miteinander synchronisiert werden. Durch diese Verknüpfung von C14-vordatierten Baumringsequenzen über die Winkelhalbierende kann es dann zu einer Vielzahl falscher ›Zufallslagen‹ kommen, die die gesamte Baumringchronologie korrumpieren. Wenn ein solcher Trend (ein Baumringjahr = 1,6 C14-Jahre) sich erhärten ließe, wäre eine drastische Kürzung der C14-Zeitskala unabwendbar.

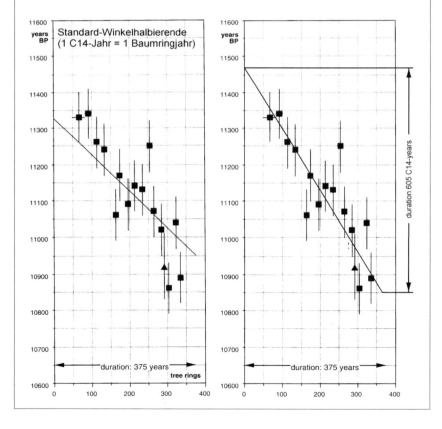

dendrochronologisch zu verknüpfen. Er muss dazu auf die Unterstützung von C14-Datierungen zurückgreifen.

Dass auf diese Weise kaum tragfähige Ergebnisse erzielt werden können, zeigt sich schon darin, dass die gemessenen C14-Alter im Einzelfall in einem Zeitraum von 50 Dendrojahren um bis zu 600 Jahre zunahmen [ebd., 189]. Davon unbeeindruckt hatte KAISER aber, um eine 1:1 Relation für die Baumring- und C14-Jahre in seinen Verknüpfungsdiagrammen zu erhalten, entgegen dem tatsächlichen Trend die Winkelhalbierende durch den Datenschwarm seiner C14-Altersbestimmungen gelegt [ebd., 37]. Legt man stattdessen eine den tatsächlichen Trend widerspiegelnde Gerade durch den Datenschwarm, dann würden einem Baumringjahr durchschnittlich 1,6 C14-Jahre entsprechen (vgl. **Abb. 3.8**). Wenn sich ein solcher Trend erhärten würde, wäre die Notwendigkeit einer erheblichen Kürzung der Dauer des Spätglazials offensichtlich. Zudem scheint mir an der weiteren Rezeption von KAISERS Ergebnissen bezeichnend zu sein, dass die von ihm vorgenommene Verknüpfung der ›schwimmenden‹ Jahrringsequenzen über unkalibrierte C14-Vordatierungen gar nicht mehr erwähnt wird. Stattdessen wird z. B. bei FRIEDRICH [2000, 7] mit Hinweis auf KAISER behauptet, es sei gelungen, »eine 1.090 Jahre umfassende Kiefernchronologie des Bölling/Alleröd-Interstadials aufzubauen«.

Trotz oder – wie hier gezeigt wurde – gerade wegen der zahlreich vorliegenden C14-Daten besteht bei den Quartärbotanikern bezüglich der Datierung pollenanalytischer Befunde erhebliche Unsicherheit. KÜSTER [1994, 35f] spricht in diesem Zusammenhang »von einem derzeit völlig unbefriedigenden vegetationsgeschichtlichen Forschungsstand in Mitteleuropa«. Die Vegetationsgeschichtler neigen dazu, auf das ›chronische Datierungsdilemma‹ stereotyp mit der Forderung nach zusätzlichen C14-Datierungen zu reagieren, obwohl die Vielzahl der bereits vorhandenen C14-Messungen bisher offensichtlich wenig zur Standardisierung des Faktors Zeit in Pollendiagrammen beigetragen hat. Im Gegenteil ist sogar absehbar, dass ein Mehr an widersprüchlichen ›absoluten‹ C14-Datierungen und eine Abwertung relativer biostratigraphischer Datierungsmöglichkeiten das radiokarbonverursachte ›Datierungsdesaster‹ noch verschärfen wird. Hierzu sei ein warnendes Beispiel angeführt:

In vielen nordwestdeutschen Hochmooren gibt es mit hoher Wahrscheinlichkeit klimatisch verursachte Grenzhorizonte (Rekurrenzflächen), die mit Trockenperioden in Zusammenhang gebracht werden. Die ausgeprägteste Rekurrenzfläche ist der nach seinem Entdecker auch WEBERscher Grenzhorizont genannte »Schwarz-Weißkontakt«. Hierbei handelt es sich um den Austrocknungshorizont zwischen stark zersetztem Schwarz- und schwach zersetztem Weißtorf. Dieser Grenzhorizont galt als einigermaßen synchrone Zeitmarke für den Beginn des Subatlantikums [vgl. z. B. RUDOLPH 1931, 124; GAMS & NORDHAGEN 1923, 297f]. Aufgrund der später zahlreich durchgeführten Radiokarbondatierungen, die stark streuende Werte zeigten, wurde dieser ausgeprägte moorstratigraphisch und auch pollenanalytisch nachweisbare Grenzhorizont später chronostratigraphisch verwischt [vgl. LANG 1994, 225]. Es verwundert nicht, wenn in der Folge dieser ausgeprägte Grenzhorizont in dem voluminösen Standardwerk »Landschaftsökologische Moorkunde« von SUCCOW & JOOSTEN [2001] schon gar nicht mehr erwähnt wird.

Die methodischen Grundlagen für die räumliche und zeitliche Verknüpfung pollenanalytischer Befunde und die Erforschung der klimageschichtlichen Genese von Mooren sind durch die massenhafte Anwendung der Radiokarbonmethode erheblich geschwächt worden. Hier fragt sich, wie lange sich die Quartärbotaniker von den widersprüchlichen und auf unnachvollziehbare Weise vieldeutigen Ergebnissen der Radiokarbonmethode noch bevormunden lassen. Dass dies nicht zwangsläufig so sein muss, zeigt eine wachsende Zahl von Prähistorikern, die sich weigern, Radiokarbondatierungen ihrer Fundobjekte ungeprüft zu akzeptieren. Dies gilt insbesondere für die Zeit nach der sogenannten zweiten ›C14-Revolution‹, d. h. der konsequenten Heranziehung dendrochronologisch kalibrierter C14-Werte. Der Frühgeschichtler SCHWABEDISSEN [1977, 120] kommentierte die neue Situation wie folgt: »W. F. LIBBY benutzte seinerzeit ›historische‹ ägyptische Daten, um die Brauchbarkeit der (konventionellen) C14-Methode zu dokumentieren. Heute wird die ägyptische Chronologie herangezogen, um nachzuweisen, dass die konventionellen C14-Daten falsch und die jahrringkorrigierten Daten richtig sind«. Der Grund für das wachsende Misstrauen der Prähistoriker gegenüber der Radiokarbonmethode ist folgender: Die Kalibrierung der konventionellen C14-Messungen führt dazu, dass die sowieso schon C14-gealterten Kulturen noch mehr überaltern und bis dato evidente Beziehungen zwischen radiokarbondatierten nordeuropäischen und archäologisch-historisch datierten südeuropäischen Kulturen zerrissen wurden (vgl. hierzu z. B. GUYAN [1977, 130f], ZÜCHNER [2001] sowie zusammenfassend ILLIG [1988, 18ff.] und BLÖSS & NIEMITZ [2000, 47ff.]).

4. Das konventionelle Szenario der spät- und postglazialen Waldgeschichte auf dem Prüfstand

Die mitteleuropäischen Gehölze werden vor dem Hintergrund ihrer unterschiedlichen Einwanderungs- und Ausbreitungsgeschichte und der nach herrschender Lehre weit über 10.000 Jahre dauernden spät- und postglazialen Waldgeschichte üblicherweise in drei Gruppen eingeteilt [vgl. LANG 1994, 171]:

- Protokratische Gehölze, z. B. Birke (*Betula*) und Kiefer (*Pinus*), die ihr heutiges Areal bereits größtenteils im Spätglazial besiedeln konnten;
- Mesokratische Gehölze, z. B. Hasel (*Corylus avellana*), Eiche (*Quercus*), Ulme (*Ulmus*) und Linde (*Tilia*), die ihr heutiges Verbreitungsareal in den ersten Jahrtausenden des Holozäns erreichten;
- Telokratische Gehölze, z. B. Tanne (*Abies alba*), Fichte (*Picea abies*), Buche (*Fagus sylvatica*) und Hainbuche (*Carpinus betulus*), die schon in der ersten Hälfte des Holozäns im Süden und Südosten einwanderten, aber in die übrigen Teile ihrer heutigen Areale erst in der zweiten Hälfte des Holozäns vordrangen.

Für das unterschiedliche Einwanderungs- und Ausbreitungsverhalten der Gehölze und die mehrtausendjährige Zeitdauer, die sie für die Bildung von stabilen Schlusswaldgesellschaften nach dem Rückzug des Eises gebraucht haben sollen, werden von den Quartärbotanikern folgende Faktoren verantwortlich gemacht [vgl. LANG 1994, 171]:

1) Das Konkurrenzverhalten der Gehölze, d. h. ihr Wettbewerb bei der Besiedlung eines Standortes sowie Faktoren der Bodenentwicklung;
2) Das Wanderungsvermögen der Gehölze und die Länge der Wegstrecke, die sie von den jeweiligen Refugialgebieten aus zurücklegen mussten;
3) Das Ausbreitungsverhalten der Gehölze nach ihrer Einwanderung;
4) Die Klimaveränderungen in Zusammenhang mit den ökologischen Ansprüchen der Gehölze;
5) Der im Verlauf des Holozäns zunehmende Einfluss des Faktors Mensch auf die Gehölzentwicklung.

Im Folgenden soll geprüft werden, ob mit den vorgenannten Faktoren eine nach konventioneller Auffassung fast 15.000 Jahre dauernde spät- und postglaziale Waldgeschichte plausibel gemacht werden kann.

4.1 Die Bedeutung der waldgeschichtlichen Faktoren natürliche Besiedlung, Bodenentwicklung, Wanderungsverhalten und Ausbreitung

4.1.1 Die natürliche Besiedlung eines Standortes und die Bodenentwicklung

Es ist den Quartärbotanikern schon früh aufgefallen, dass die spät- und nacheiszeitliche Waldentwicklung große Ähnlichkeiten mit der natürlichen Wiederbesiedlung einer abgeholzten Fläche, einer Bodenaufschüttung oder eines eisfrei gewordenen Gletscherfeldes hat. So entspricht die waldgeschichtliche Unterscheidung der Bäume in ›proto-‹, ›meso-‹ und ›telokratisch‹ weitgehend der ökologischen Einteilung der Gehölze in Licht-, Halbschatten- und Schattenhölzer und deren unterschiedliche Samenverbreitungsstrategien bei der Neubesiedlung eines Standortes.

Die Vorgänge bei der Neubesiedlung eines Standortes können wie folgt beschrieben werden [vgl. z. B. Firbas 1949, 275; Remmert 1989, 154f; Otto 1994, 71ff.]: Zu Beginn herrschen die Lichthölzer, die früh fruchten, sich aufgrund ihrer leichten Verbreitungseinheiten rasch durch Windtransport ausbreiten und keine Probleme haben, humusarme Rohböden zu besiedeln. Dies sind Weiden, Birken, Espen und Kiefern. Dann treten Holzarten mit schon etwas geringerem Lichtbedürfnis und größeren Ansprüchen an den Boden auf, nämlich die Bäume der Eichenmischwälder (Eiche, Ulme, Linde, Esche und Ahorn). Diese Bäume sind erst später fortpflanzungsfähig, und ihre meist schwereren Verbreitungseinheiten können nicht in so kurzer Zeit und in so großen Mengen über weite Strecken verbreitet werden wie die Samen der anfangs genannten Arten. Erst zum Schluss erscheinen die Schatthölzer wie Buche und Tanne. Sie fruchten ebenfalls spät und haben wie z. B. die Buche schwere, reichlich mit Nährstoffen ausgerüstete Samen, die oft zielgerichtet durch Tiere (z. B. Vögel) verbreitet werden. Schatthölzer haben meist höhere Ansprüche an den Boden und im Freistand empfindliche Jungpflanzen. Dank ihrer hohen Schattentoleranz und ihrem enormen Wuchsvermögen können sie sich aber im Unterholz mit der Zeit durchsetzen und bestandsbildend werden.

Sie bilden die Schlussgesellschaften eines Standortes, weil sie durch starke Beschattung das Aufkommen der lichtbedürftigen Hölzer verhindern.

Zu Beginn des letzten Jahrhunderts wurde von verschiedenen Vegetationsgeschichtlern die Ansicht vertreten, dass die natürliche Sukzession der dominierende Vorgang in der nacheiszeitlichen Waldentwicklung war und dass die holozäne Waldfolge kein Vorgang von Einwanderungswellen aus unterschiedlich weit entfernten eiszeitlichen Refugialgebieten ist. Diese Vorstellung ging von der (zwischenzeitlich bestätigten) Annahme aus, dass sich die glazialen Klimaverhältnisse am Ende der letzten Eiszeit relativ rasch in die heutigen veränderten und dass die aus den Glazialrefugien einwandernden Gehölze in relativ kurzer Zeit (Präboreal und Boreal) alle ihnen zusagenden Standorte erreicht haben; wobei die anspruchsvolleren Gehölze allerdings zunächst nur zerstreut, an lokalklimatisch begünstigten Standorten vorkamen und sich erst später im Rahmen der natürlichen Sukzession oder beim Erreichen bestimmter klimatischer Schwellenwerte massenhaft ausbreiten konnten. Da die mineralischen Rohböden am Eiszeitende aufgrund ihres hohen Feinerdeanteils (lehmreiche Wanderschuttdecken) schnell von Bäumen besiedelt werden konnten, hätte sich in der Folge sich rasch ablösender Massenausbreitungsvorgänge innerhalb von kürzester Zeit in ganz Mitteleuropa die jeweilige stabile Schlusswaldgesellschaft entwickeln müssen. Die Geschwindigkeit der Massenausbreitung eines Gehölzes wäre dabei weniger von Faktoren der Bodenentwicklung oder der Wandergeschwindigkeit als von der natürlichen Sukzession, der unterschiedlichen Frequenz der in einer Landschaft vorhandenen Gehölze und sich verändernder klimatischer Schwellenwerte gesteuert worden.

FIRBAS [1949, 277] führt eine Reihe von Untersuchungen über die Geschwindigkeit von Sukzessionen an. Die von ihm zitierten Beispiele belegen, dass pflanzenleere Inseln – wie sie z. B. bei Seespiegelabsenkungen entstehen – schon nach 10 Jahren Gebüsche von Birken, Erlen und Pappeln tragen. Nach nur weiteren 10 Jahren sind in solche Pionierwälder bereits vielfach Kiefern und Fichten eingedrungen. Ferner zeigen die seit dem Ende der ›kleinen Eiszeit‹ um 1850 in den Alpen beobachteten Gletscherrückzüge, dass auf manchen Moränen bereits nach etwas mehr als 100 Jahren der Klimaxwald, also die Schlusswaldgesellschaft fußt. Zum Beispiel findet man am Großen Aletschgletscher im Klimaxgebiet des Arven-Lärchenmischwalds in 1.850 bis 1.950 m Höhe, auf den vom Gletscher verlassenen Moränenböden fruchtende

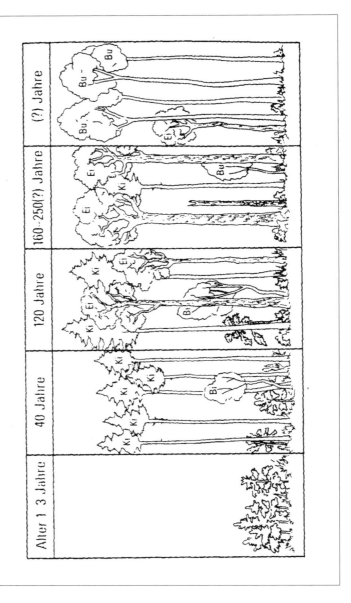

Abb. 4.1: Natürliche Sukzession in Kiefernwäldern auf nährstoffarmen pleistozänen Sanden im atlantischen Klimaraum Niedersachsens. Auf solchen Standorten dauert es nur unwesentlich mehr als 250 Jahre bis sich bei Aufgabe der Bewirtschaftung aus einer Kiefernkultur durch die natürliche Sukzession ein Buchenwald entwickelt. Ki = Kiefer (*Pinus*); Bi = Birke (*Betula*); Ei = Eiche (*Quercus*); Bu = Buche (*Fagus sylvatica*) [aus OTTO 1994, 313, verändert].

Grünerlen-Gebüsche (*Alnus viridis*) spätestens nach 25 Jahren, fruchtende Moorbirken (*Betula pubescens*), Lärchen (*Larix decidua*) und Fichten (*Picea abies*) nach etwa 45 Jahren, und nach 85 Jahren beherrscht bereits ein lichter, niedriger Lärchen-Birkenwald mit vereinzelten Fichten und der beginnenden Ansiedlung von der Arve (*Pinus cembra*) die Physiognomie.

Auf freiwerdenden Moränenböden in tieferen Lagen der Alpen schreitet die Vegetationsentwicklung noch schneller voran. Besonders auf feinerdereichen Mineralböden können erste Keimlinge von Bäumen und Sträuchern schon nach wenigen Jahren Fuß fassen. Die kalk- und lehmreichen Wanderschuttdecken der späteiszeitlichen Moränenlandschaften gelten daher als ideale Besiedlungsstandorte für Gehölze. Aufgrund von rezenten Beobachtungsreihen schätzt der Forstwissenschaftler OTTO [1994, 312f], dass es auf nährstoffreichen pleistozänen Sanden im atlantischen Klimaraum Niedersachsens nur unwesentlich mehr als 250 Jahre dauert, bis sich bei Aufgabe der Bewirtschaftung aus einer Kiefernkultur durch die natürliche Sukzession ein Buchenwald entwickelt hat (vgl. **Abb. 4.1**). Dabei scheint die Bodenentwicklung für die Wiederbesiedlung mit Gehölzen unbedeutend zu sein, zumal sie der Vegetationsentwicklung auf mineralischen Böden erheblich nachhinkt. Als widerstandsfähig gegen eine rasche Wiederbesiedlung mit Gehölzen haben sich nur Blockhalden und Grobschutt erwiesen, die in der Nacheiszeit bezogen auf die Gesamtfläche von Mitteleuropa aber eher eine untergeordnete Rolle spielen.

Spätestens seitdem die als exakt geltende Radiokarbonmethode Anfang der fünfziger Jahre des letzten Jahrhunderts jeden Zweifel an der mehrtausendjährigen Zeitdauer der nacheiszeitlichen Waldgeschichte beseitigt hat, wird die natürliche Sukzession überhaupt nicht mehr als gewichtiges Lehrstück für die Waldgeschichte erachtet. Die beobachtbare schnelle Wiederbesiedlung von pflanzenleeren Räumen gilt heute nicht einmal mehr als Prüfstein für die Dauer der postglazialen Waldgeschichte. Im Gegenteil wird z. B. von LANG [1994, 330] – ohne sich wie noch FIRBAS [1949, 275ff.] oder RUDOLPH [1931, 160f] ausführlich mit der Wiederbesiedlung auseinander zu setzen – kurz und knapp argumentiert, dass die natürliche Sukzession kein bestimmender Faktor der Waldgeschichte gewesen sein könne, weil die Sukzession ein Vorgang ist, der sich in Jahrhunderten abspielt, während die holozäne Waldgeschichte Jahrtausende benötigte. Unterwirft man sich aber nicht dem Diktat der – wie in Kap. 2.3 gezeigt wurde – zweifelhaften Datierungs-

Abb. 4.2: Zögerliche nacheiszeitliche Einwanderung des ›Spätheimkehrers‹ Rotbuche (*Fagus sylvatica*). Die Rotbuche hat bis zum Ende des Spätglazials (10.000 BP) erst etwa 6% ihres heutigen Areals besiedelt, bis Mitte des Holozäns (5.000 BP) gut die Hälfte und bis zur Gegenwart die zweite Hälfte des heuti-gen Areals. Große schwarze Punkte mit Zahlen = Konventionelle Radiokarbon-Jahrtausende und -Jahrhunderte der je-weiligen Einwanderungsgrenzen; gestri-chelte Linien = Ungefähre Arealgrenze um 10.000 BP und 5.000 BP; kleine Punkte = Heutiges Areal [aus LANG 1994, 160].

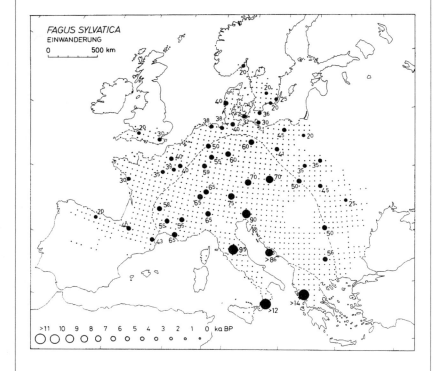

methoden, dann erfordert die Interpretation der holozänen Waldgeschichte als natürliche Sukzession radikale Zeitkürzungen. Dies setzt allerdings voraus, dass alle an der natürlichen Sukzession beteiligten Gehölze rechtzeitig auf den zu besiedelnden Standorten eingewandert waren, um in den Wettbewerb eingreifen zu können.

4.1.2 Das Wanderungsverhalten der Gehölze und ihre Wegstrecke aus den Refugialgebieten

Schon zu Beginn des letzten Jahrhunderts hatte man versucht, die nacheiszeitliche Ausbreitung der Bäume durch deren unterschiedliche Wandergeschwindigkeit und die Länge der Wanderwege aus den eiszeitlichen Refugialgebieten zu erklären. Zusammen mit dem Wettbewerb zwischen den nacheinander eintreffenden Baumarten sollten die Wanderungsvorgänge die Waldgeschichte der einzelnen Landschaften bestimmt haben. So wurde z. B. angenommen, dass sich die Buche deswegen so spät ausgebreitet hat, weil ihre eiszeitlichen Refugien von den mitteleuropäischen Landschaften sehr viel weiter entfernt waren als die der Bäume des Eichenmischwaldes. FIRBAS [1949, 278] bezeichnete es rückblickend als eine »sehr bestechende Vorstellung, sich die nacheiszeitliche Waldentwicklung als das Ergebnis fortschreitender Wanderungen der Bäume zu denken«. Er wies allerdings mahnend darauf hin, dass man sich bei »diesen Überlegungen zunächst keine Rechenschaft über die Wandergeschwindigkeit und die zur Verfügung stehenden Zeiträume gegeben hat bzw. anfänglich auch nicht geben konnte«. Nachdem allerdings erste Untersuchungen über das Wandervermögen von Bäumen vorlagen, mussten die Vegetationsgeschichtler erkennen, dass die großen zeitlichen Unterschiede in der nacheiszeitlichen Ausbreitung der Bäume zu beträchtlich waren, um sie mit der Länge der jeweiligen Wanderwege erklären zu können. Darüber hinaus ließen sich auch keine Belege dafür finden, dass die eiszeitlichen Refugialgebiete telokratischer Gehölze, also der ›Spätheimkehrer‹ Buche, Hainbuche und Tanne, weiter von den nacheiszeitlichen Einwanderungsgebieten entfernt waren als die Refugialstandorte mesokratischer Gehölze, also der Bäume des Eichenmischwaldes (vgl. **Abb. 4.2**).

Grundsätzlich unterscheidet man zwischen der rezent beobachteten und der errechneten historischen Wandergeschwindigkeit eines Gehölzes. Die rezent beobachtete Wandergeschwindigkeit W eines Gehölzes ist nach LANG

Abb. 4.3: Historische Wandergeschwindigkeiten und Verbreitungssprünge wichtiger mittel- und nordeuropäischer Gehölze im Spätglazial und Holozän.

▫ W = Historische Wandergeschwindigkeiten (W in Meter pro Jahr) wichtiger mittel- und nordeuropäischer Gehölze im Spätglazial und Holozän. Das minimale Blühreifealter (Fruchtbarkeitsalter) ist in Klammern hinter dem lateinischen Gehölznamen angegeben.

▫ V = Historische Verbreitungssprünge, die sich aus der historischen Wandergeschwindigkeit und dem minimalen Blühreifealter ableiten; dahinter in Klammern rezent beobachtete maximale Verbreitungssprünge. O = Lichtholz; ◐ = Halbschattholz; ● = Schattholz

[nach HUNTLEY, BIRKS & FIRBAS aus LANG 1994, 173, verändert].

Gehölze	W (m/a)	V (km)
Protokratische Gehölze		
O *Betula pendula/pubescens* (10)	250–< 2 000	2.5–< 20 (3)
O *Pinus Diploxylon* (*sylvestris* 10)	1 500	15–60 (2)
Mesokratische Gehölze		
◐ *Acer* (20)	500–1 000	10–20 (4)
◐ *Alnus glutinosa/incana* (15)	500–2 000	7.5–30
O *Corylus* (10)	500–1 500	5–15 (10)
◐ *Fraxinus excelsior* (25)	200–500	5–12.5
O *Quercus* sommergrün (30)	5–500	2.2–15 (10–30)
◐ *Tilia* (10)	50–500	0.5–5
◐ *Ulmus* (30)	100–1 000	3–30
Telokratische Gehölze		
● *Abies* (30)	40–300	1.2–9 (8)
◐ *Picea* (30)	60–500	1.8–15
● *Carpinus betulus* (20)	50–1 000	1–20
● *Fagus* (40)	175–350	7–14 (10)

[1994, 171] eine Funktion der rezenten Verbreitungssprünge V seiner Verbreitungseinheiten (Diasporen bzw. ›Samen‹) und seines Blühreifealters (›Fruchtbarkeitsalter‹) B. Sie kann daher nach der Formel W = V/B berechnet werden. Unter den Verbreitungssprüngen V versteht man dabei die Entfernung, über welche die Verbreitungseinheiten eines Gehölzes transportiert werden können. Als Transportvektoren kommen Schwerkraft, Wind, Wasser, Tiere und Menschen in Frage. Die potenzielle Wandergeschwindigkeit eines Gehölzes ist dabei um so höher, je größer die rezent beobachtbaren Verbreitungssprünge seiner Samen sind und je kleiner sein Blühreifealter ist. So beträgt die potenzielle Wandergeschwindigkeit der Buche bei einem minimalen Blühreifealter von 40 Jahren im Freistand und beobachtbaren Verbreitungssprüngen von bis zu 10 km durch Tiertransport 0,25 km pro Jahr. Bei der Wanderung eines Gehölzes kommt die potenzielle Wandergeschwindigkeit natürlich nur bei vollkommener Ansiedlungsgunst zum Tragen.

Die aus dem Blühreifealter und der Beobachtung rezenter Verbreitungssprünge abgeleitete potenzielle Wandergeschwindigkeit eines Baumes kann man mit der historischen Wandergeschwindigkeit bei seiner nacheiszeitlichen Einwanderung vergleichen (vgl. **Abb. 4.3**). Die historische Wandergeschwindigkeit berechnet sich aus der Wegstrecke, die ein Baum während der nacheiszeitlichen Einwanderung zurückgelegt und der Zeit, die er dafür benötigt hat. Wenn beispielsweise die Buche für die Wanderung vom Alpennordrand bis zur rund 700 km entfernten Ostseeküste rund 3.500 Jahre benötigte, lässt sich daraus eine Wandergeschwindigkeit von 0,20 km pro Jahr errechnen (vgl. **Abb. 4.2**). Wenn die historische Wandergeschwindigkeit (0,20 km/a) wie in diesem Beispiel geringer als die potenziell mögliche Wandergeschwindigkeit (0,25 km/a) ist, geht man davon aus, dass die nacheiszeitliche Arealausdehnung des Gehölzes neben der Wandergeschwindigkeit auch noch von anderen Faktoren wie zum Beispiel klimatischen Gradienten gesteuert wurde. Ist die historisch errechnete Wandergeschwindigkeit eines Gehölzes wesentlich größer als die aus rezenten Beobachtungen errechnete, dann vermutet man die Existenz bisher nicht entdeckter glazialer Refugien, die so eine rasche nacheiszeitliche Ausbreitung des Gehölzes ermöglicht haben [LANG 1994, 171f].

Nach RUDOLPH [1931, 160] besteht – abweichend zum Wiederbesiedlungsverhalten (vgl. hierzu Kap. 4.1.1) – zwischen der spezifischen Wandergeschwindigkeit eines Gehölzes und seiner nacheiszeitlichen Einwanderungs- bzw. Ausbreitungsgeschichte keine gesetzmäßige Beziehung. So breitete sich die Hasel (*Corylus avellana*) mit ihren schweren Früchten sehr früh aus, während die Fichte (*Picea abies*) und die Tanne (*Abies alba*) mit ihren flugfähigen Samen verhältnismäßig spät erscheinen. Und Ulmen (*Ulmus*) und Eichen (*Quercus*) breiteten sich zur gleichen Zeit aus, obwohl sich die Diasporen der Ulmen wegen ihrer guten Flugeigenschaften viel rascher hätten ausbreiten müssen. RUDOLPH vertrat daher die Auffassung, dass die historischen Wandergeschwindigkeiten der Gehölze sehr viel größer als die heute beobachtbaren Wandergeschwindigkeiten waren und dass die Einwanderungsgeschichte eines Gehölzes nur die Massenausbreitung eines am jeweiligen Standort bereits in geringer Frequenz vorhandenen Gehölzes darstellt. Demgegenüber wird von den meisten Quartärbotanikern die Auffassung vertreten, dass im großen und ganzen die historisch errechneten Wandergeschwindigkeiten der Gehölze mit den rezent beobachteten Wandergeschwindigkeiten übereinstimmen und ein gewisser Einfluss der Wandervorgänge auf die postglaziale Waldentwicklung nicht ausgeschlossen ist [vgl. z. B. FIRBAS 1949, 279; LANG 1994, 172].

Solche Einschätzungen können von den Quartärbotanikern wegen der vielen, eigentlich die Regel darstellenden Abweichungen allerdings nur sehr vage formuliert werden. So wurden bezüglich der nacheiszeitlichen Einwanderung der Gehölze extrem langsame, extrem schnelle und sogar wechselnde Wandergeschwindigkeiten errechnet, die erheblich von den rezent beobachtbaren Wandergeschwindigkeiten abweichen. Darüber hinaus liegen für verschiedene Gehölze Indizien vor, die auf Verbreitungssprünge über extrem große Entfernungen hinweisen. Solche Verbreitungssprünge, die von den üblicherweise beobachteten Entfernungen abweichen, die von den Verbreitungseinheiten überbrückt werden können, bezeichnet man in der Literatur auch als ›Zufallssprünge‹. In Kapitel 5 werde ich das für viele Gehölze typische rätselhafte Wanderungsverhalten an einer Reihe von Beispielen diskutieren und versuchen, es unter chronologiekritischen Gesichtspunkten besser verständlich zu machen.

4.1.3 Die Ausbreitung der Gehölze nach ihrer Einwanderung

Die zögerliche Ausbreitung der Gehölze nach ihrer bereits erfolgten Einwanderung in eine Landschaft ist eine weitere Merkwürdigkeit der holozänen Waldgeschichte, die mit heutigen Beobachtungen kaum in Übereinstimmung zu bringen ist. FIRBAS [1949, 282] umreißt das Problem wie folgt: »Das Eigenartigste an der spät- und nacheiszeitlichen Ausbreitung der Holzarten ist der lange Zeitraum, über den sie sich erstreckt«. Tatsächlich liegen zwischen nachweislicher Ersteinwanderung (entweder belegt durch Großreste oder konstante Anwesenheit von Pollen in Moor- und Seeablagerungen) und dem Beginn der Massenausbreitung (Beginn des steilen Anstiegs oder Zeitpunkt größter relativer Häufigkeit in Pollendiagrammen) bei verschiedenen Holzarten mindestens einige 100, in der Regel 1.000 bis 2.000 und nicht selten sogar bis zu 3.000 Jahre (vgl. **Abb. 4.4**). Dies entspricht je nach Baumart bzw. Blühreifealter einer Abfolge von 20 bis 100 Generationen. GLIEMEROTH [1997, 55ff.] und LANG [1994, 130ff.] führen für dieses merkwürdige Ausbreitungsverhalten der Gehölze zahlreiche Beispiele an.

Auch die Quartärbotaniker fragen sich, ob diese Vielzahl von Generationen wirklich notwendig war, damit eine Baumart in einem bestimmten Gebiet nach der Ersteinwanderung alle optimalen Standorte erobern konnte. FIRBAS [1949, 283] formuliert sein Erstaunen wie folgt: »Denn wenn Buchen oder Fichten [nach der Ersteinwanderung; G.M.] im Pollenniederschlag einen Anteil von nur wenigen Prozent besaßen und in größeren Entfernungen noch keine ausgedehnten Waldgebiete dieser Holzarten vorhanden waren [von denen der Pollenniederschlag stammen könnte; G.M.], müssen sie bereits so häufig gewesen sein, dass ihre Samen und Früchte in einigen Jahrzehnten oder höchstens in einigen wenigen Jahrhunderten an alle zusagenden Standorte gelangen konnten«. Dies setzt allerdings voraus, dass die für eine optimale Massenausbreitung nötigen Klima- und Bodenbedingungen schon zu Beginn der Einwanderung vorhanden waren. Ist diese Bedingung erfüllt, geht die Umwandlung eines Waldes unter dem Wettbewerb einer neu hinzukommenden Art sehr schnell vor sich und benötigt keinesfalls einige Jahrtausende, wie bei der nacheiszeitlichen Ausbreitung von Bäumen vermutet wird.

FIRBAS [1949, 283] führt für die beschriebene schnelle Umwandlung von Wäldern verschiedene Beobachtungen an: So ist aus Untersuchungen über die Altersklassenverteilung in Buchen-Tannen-Fichten-Urwäldern bekannt, dass

Abb. 4.4: Zeitliche Diskrepanz von bis zu 2500 Jahren zwischen Einwanderung und Massenausbreitung der Rotbuche (*Fagus sylvatica*), dargestellt anhand ausgewählter Histogramme. Der östliche Weg der Rotbuche führte vom Glazialrefugium auf der südlichen Balkan-Halbinsel aus nach Nordwesten durch die Dinariden zu den östlichen Alpen und den vorgelagerten Mittelgebirgen ins norddeutsch-polnische Tiefland und weiter bis nach Südschweden. Einwanderung = weiße Dreiecke, Ausbreitung = schwarze Dreiecke [aus LANG 1994, 161].

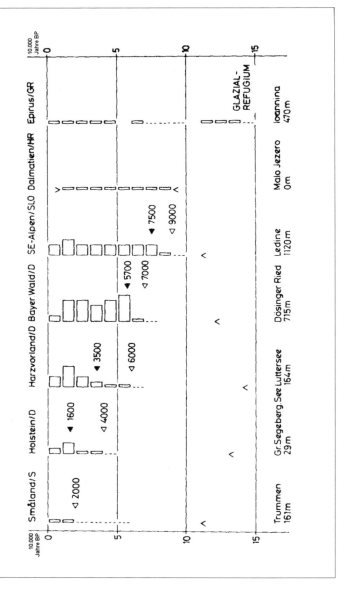

bei den Bäumen solcher Urwälder die Altersklasse über 300 Jahre häufig nur mit wenigen Prozentpunkten vertreten ist. Eine neu hinzukommende wuchskräftige Art würde also nur wenige Jahrhunderte für eine Umwandlung des Waldes benötigen. Dies wird auch durch Untersuchungen in einem sich selbst überlassenen ehemaligen Eichenhudewald bestätigt. Die während der Waldweidenutzung nur wenig vertretene Rotbuche hatte schon nach 60 Jahren fast 50 % der Fläche eingenommen und sich weithin stark verjüngt, während der Eichennachwuchs unter Lichtmangel verkümmerte. Der natürliche Übergang eines Eichenmischwaldes mit eingesprengt vorkommender Buche in einen von der Buche insgesamt beherrschten Bestand kann somit höchstens eine Frage von wenigen Jahrhunderten sein, wenn die Bedingungen für die Buche entsprechend günstig geworden sind. Es bleibt daher unverständlich, weshalb die Buche, nachdem sie in die atlantischen Wälder eingedrungen ist, nach STRAKA [1975, 119] »nochmals 2.000 bis 3.000 Jahre« benötigt haben soll, »um in den Wäldern die Vorherrschaft zu erringen«. Auch hier erübrigt sich fast ein Hinweis darauf, dass sich bei einer radikalen Verkürzung der postglazialen Waldgeschichte dieses Ausbreitungsproblem von selbst löst.

Die Vegetationsgeschichtler versuchen, die teilweise stark verzögerte Massenausbreitung vieler Baumarten neben dem bereits diskutierten Faktor natürlicher Wettbewerb (vgl. Kap. 4.1.1) durch die Faktoren allmähliche Bodenentwicklung und insbesondere allmähliche Klimaveränderung zu erklären. Bezüglich der Bodenentwicklung hat FIRBAS [1949, 284f] darauf hingewiesen, dass kaum nachvollziehbar sei, warum ein Boden, der bereits einige Jahrtausende durch artenreiche Eichenmischwälder bestanden war, zu Beginn der Einwanderung von Buchen nicht für deren Massenausbreitung geeignet gewesen sein soll. Eine gravierende Rolle des Faktors Bodenentwicklung bei der Vegetationsgeschichte ist also wenig wahrscheinlich. Auch der Faktor Klimaveränderung wird von FIRBAS kritisch diskutiert. Dagegen wird von STRAKA [1970, 239] bereits die Ansicht vertreten, dass der Beginn der Massenausbreitung »im wesentlichen durch das jeweilige Klima bestimmt wurde«. Im Folgenden soll daher die Frage diskutiert werden, ob die nach konventioneller Auffassung über 10.000 Jahre dauernde Geschichte der nacheiszeitlichen Wiederbewaldung durch einen dominierenden Einfluss des Faktors (allmähliche) Klimaveränderungen erklärt werden kann.

4.2 Die Bedeutung des waldgeschichtlichen Faktors Klima

Es gilt bei den Quartärbotanikern als unbestritten, dass Klimaveränderungen einen großen Einfluss auf die spät- und postglaziale Waldgeschichte ausgeübt haben: »Die mehrfache Verschiebung der waldlosen Zonen und der Birken- und Kiefernwaldgürtel im Spätglazial, die zu Beginn des Postglazials folgende Massenausbreitung der Hasel und der Eichenmischwälder (...) lassen sich nicht anders als durch die Annahme von Klimaänderungen erklären, denen Vegetationsänderungen in einem bestimmten Abstand etwas ›nachhinkend‹ gefolgt sind. Auch das häufige (...) Zusammenfallen des Sedimentationswechsels mit dem Wechsel der Wälder spricht dafür« [FIRBAS 1949, 285]. Und auch die Ausbreitung thermisch anspruchsvoller Gehölze während des mittleren Holozäns über ihre heutigen nördlichen Verbreitungsgrenzen hinaus und die zu dieser Zeit im Gebirge höher gelegenen Waldgrenzen können vernünftigerweise nur durch nacheizeitliche Klimaveränderungen erklärt werden. RUDOLPH [1931, 163] weist ferner darauf hin, dass die Ausbreitungsfolge der mitteleuropäischen Grundsukzession in auffälliger Weise der Aufeinanderfolge der Ostgrenzen der Waldbäume von Südrussland in Richtung Mitteleuropa, also rezenten Arealgrenzen entspricht, die sicherlich klimatisch bestimmt sind. FIRBAS [ebd.] ist allerdings skeptisch, ob der Klimawandel für jedes Phänomen der postglazialen Waldgeschichte verantwortlich gemacht werden kann: »Ob Klimaveränderungen aber tatsächlich in der Waldentwicklung eine so beherrschende Rolle gespielt haben, dass diese als ein treuer Spiegel des Klimawandels betrachtet werden kann, dessen Entwicklungsrichtungen und Rhythmen sich aus ihr rekonstruieren lassen (...) bleibt abzuwarten«.

In Kapitel 4.1.1 habe ich gezeigt, dass die »mitteleuropäische Grundfolge der Waldentwicklung« bei Wegfall des ›Zeitdiktats‹, d. h. einer dadurch möglichen Verkürzung des Spät- und Postglazials, sehr gut als natürliche Sukzession verstanden werden kann. Von den dem Zeitdiktat verhafteten konventionellen Forschern muss diese Interpretation abgelehnt werden, weil Sukzessionen bekanntlich keine Jahrtausende, sondern nur höchstens wenige Jahrhunderte dauern. Deshalb wird die spät- und postglaziale Wiederbewaldung in der konventionellen Literatur häufig als ein allmählicher Übergang von einem ›Birkenklima‹ und ›Kiefernklima‹ der Späteiszeit zu einem ›Eichenmischwaldklima‹ der Wärmezeit und schließlich zu einem ›Buchen- und Tannenklima‹ der Nachwärmezeit interpretiert. Gegen eine solche Interpretation ist zunächst einzuwenden, dass viele Gehölze gegenüber sich ändernden Klimaparametern ausgesprochen tolerant sind. Ein Extrembeispiel ist sicherlich die Kiefer. Sie breitete sich in Mitteleuropa aus, als im beginnenden Spätglazial die mittlere Sommertemperatur etwa 9 °C niedriger als heute war, und sie tat dies auch noch, als die Sommertemperatur im Frühholozän etwa 1 °C unter dem heutigen Niveau lag [KÜSTER 2000, 98f]. Nicht jede kleinere Temperaturschwankung muss daher einen maßgeblichen Einfluss auf den Ablauf der nacheiszeitlichen Wiederbewaldung genommen haben – zumal das Klima des Holozäns nur Temperaturschwankungen zeigte, die kaum 2 °C von der heutigen Durchschnittstemperatur abwichen.

Ferner ist hier auf die Gefahr eines Zirkelschlusses hinzuweisen, weil die klimatostratigraphische Gliederung der Nacheiszeit maßgeblich aus der Vegetationsgeschichte abgeleitet wurde. Die von den Quartärforschern postulierten Übereinstimmungen zwischen dem Wandel von Klima und Vegetation liegen daher – wie auch schon die verwendeten Begrifflichkeiten dokumentieren (›Buchenklima‹ etc.) – in der Natur der Sache und können nicht als unabhängiger Beweis für allmähliche Klimaveränderungen herangezogen werden. Im Unterschied zu späteren Vegetationsgeschichtlern war RUDOLPH und FIRBAS noch bewusst, welche hohen Anforderungen an den Nachweis von Zusammenhängen zwischen Klima- und Vegetationsveränderungen zu stellen sind. FIRBAS [1949, 285] betont, dass sich nicht nur einzelne, sondern alle nachgewiesenen Vegetationsveränderungen in das gewonnene Bild ohne Zwang einfügen müssen oder ihm zumindest nicht widersprechen dürfen. Dies sei bisher nicht gelungen. Den in der vegetationsgeschichtlichen Literatur vielzitierten ›Übergang vom Land- zum Seeklima‹ als Ursache für die nacheiszeitlichen Vegetationsveränderungen bezeichnet er als Zwangsjacke und zitiert den großen schwedischen Quartärbotaniker GUNNAR ANDERSSON, der bereits zu Beginn des letzten Jahrhunderts festgestellt hatte: »Es gibt wenig Wörter, die in das biologisch-geologische Forschungsgebiet soviel Verwirrung und soviel unklare Erklärungsversuche, die gar keine Erklärungen sind, hineingebracht haben, wie das Wort ›Klimaänderung‹«. Auch RUDOLPH [1931, 170] resümiert in seinem bedeutenden Aufsatz »Grundzüge der nacheiszeitlichen Waldgeschichte Mitteleuropas« seine Ausführungen zum Thema Klimawandel und Waldentwicklung mit einer Einschätzung von ANDERSSON. Dieser hatte 1910 auf einem Stockholmer Geologenkongress in einer großen Diskussion über postglaziale Klimaänderungen folgendes Fazit gezogen: »Wir stehen noch am

Anfang der Forschung«. Auch wenn – wie noch zu zeigen sein wird – heute erheblich gesichertere Erkenntnisse über die nacheiszeitlichen Klimaveränderungen vorliegen, ist diesem Fazit zumindest bezogen auf den Zusammenhang zwischen Klima- und Vegetationsveränderungen bis heute nicht viel hinzuzufügen.

Eine nachvollziehbare Kopplung des holozänen Vegetationswandels an Klimaänderungen setzt zunächst voraus, dass die Klimaelemente, die einen Vegetationswandel herbeigeführt haben sollen, hinreichend genau differenziert und quantifiziert werden. Es reicht daher nicht aus, wenn STRAKA [1970, 239] argumentiert, dass der Wechsel von Eichenmischwäldern zu Buchenwäldern durch den »Übergang vom ›Eichenklima‹ zum ›Buchenklima‹« herbeigeführt wurde. Bei solcher Art der Argumentation handelt es sich um eine vorwissenschaftliche Erkenntnisbildung, deren wissenschaftlicher Wert in etwa der trivialen Feststellung entspricht, dass auf einer Wiese Wiesenblumen wachsen. Schon RUDOLPH [1931, 167] hatte vierzig Jahre zuvor in diesem Zusammenhang selbstkritisch bemerkt: »An Einzelheiten bleibt noch viel zu klären übrig und ich musste mich auch bei der Darstellung des vermuteten Klimawandels an sehr unbestimmte Ausdrücke, wie ›kontinental‹ und ›atlantisch‹, ›Eichen‹- und ›Buchenklima‹ halten ohne genauere Präzisierung derselben, die heute noch schwierig erscheint«. STRAKAS ergänzender Hinweis, dass für den Wechsel bei den Baumarten die Temperatur- und Hydraturverhältnisse die »ausschlaggebenden Faktoren« waren, präzisiert dabei den Ablauf des Klimawandels ohne Quantifizierung dieser Faktoren für einzelne Baumarten nicht wesentlich.

Die von den Quartärbotanikern postulierten allmählichen Klimaveränderungen, die für den allmählichen Vegetationswandel verantwortlich sein sollen, benötigen daher Belege, die unabhängig und unbeeinflusst von der vegetationsgeschichtlichen Forschung sind. Welche Positionen nehmen nun von der Pollenanalyse unabhängige Untersuchungen bezüglich der Frage ein, ob für das Holozän allmähliche Klimaveränderungen kennzeichnend sind? Zur Beantwortung dieser Frage bieten sich erstens die Ergebnisse der in jüngster Zeit durchgeführten Sauerstoff-Isotopenanalysen in Gletschereis sowie Tiefseesedimenten und zweitens die Ergebnisse archäohistorischer, moorstratigraphischer sowie dendrochronologischer Untersuchungen an, mit denen man Klimaveränderungen nachweisen kann.

4.2.1 Ergebnisse der Sauerstoff-Isotopenanalyse von Tiefsee- und Eisbohrkernen

Die Sauerstoff-Isotopenmethode wurde von dem amerikanischen Chemiker HAROLD UREY zu Beginn der fünfziger Jahre des letzten Jahrhunderts entwickelt, um erdgeschichtliche Klimaveränderungen zu erforschen. Sie basiert auf dem Phänomen, dass das Sauerstoff-Isotopenverhältnis $^{18}O/^{16}O$ bei Verdunstung und Kondensation von feuchten Luftmassen von temperaturabhängigen Fraktionierungsprozessen abhängig sind. Etwas vereinfacht dargestellt, liegen der Methode folgende Überlegungen zu Grunde (eine ausführlichere Darstellung findet sich z. B. bei LAMB & SINGTON [2000, 149ff.]): Bei der Verdunstung verlassen Wassermoleküle ohne das schwere Sauerstoff-Isotop ^{18}O die Meeresoberfläche leichter als diejenigen mit dem ^{18}O-Isotop. Beim Niederschlag kondensieren wiederum solche Moleküle zuerst, die das ^{18}O-Isotop enthalten. Der Wasserdampf, der dann noch in die hohen Breiten kommt und dort zu Schnee gefriert, ist also mit dem ^{16}O-Isotop angereichert. In Kaltzeiten sammeln sich daher in den Gletschern riesige ^{18}O-arme Eismassen an, während sich in den eisfreien Ozeanen und in der Folge auch in den marinen Ablagerungen Wassermoleküle anreichern, die das schwere ^{18}O-Isotop tragen. Die Abschnitte in Tiefseebohrkernen mit einem höheren $^{18}O/^{16}O$-Verhältnis stellen deshalb kältere Zeiten dar. Abschnitte mit einem niedrigem $^{18}O/^{16}O$-Verhältnis in Tiefseebohrkernen stellen andererseits wärmere Zeiten dar, weil in diesen eine starke Verdünnung des Meerwassers durch die abgeschmolzenen ^{18}O-armen Eismassen erfolgt (vgl. **Abb. 4.5**). Auf Grundlage dieser Argumentation kann man auch aus dem $^{18}O/^{16}O$-Verhältnis von Bohrkernabschnitten aus Gletschern Informationen über klimatische Veränderungen ableiten. Nach LANG [1994, 55] kann daher aus der Analyse des Sauerstoff-Isotopenverhältnisses in Tiefseesedimenten und im Gletschereis »in begrenztem Umfang auf die Lufttemperaturen zur Zeit der Ablagerung geschlossen werden«.

Im Widerspruch zu den Überlegungen der Vegetationsgeschichtler bezüglich des Ablaufs der nacheiszeitlichen Klimaentwicklung wurde bei diesen Untersuchungen festgestellt, dass die Klimaveränderungen am Übergang vom Pleistozän zum Holozän nicht allmählich, sondern »extrem kurzzeitig« oder gar »urplötzlich« vor sich gegangen sind. So konnte von dem dänischen Physiker WILLI DANSGAARD an den Sauerstoff-Isotopengehalten grönländischer

Abb. 4.5: Sauerstoff-Isotopenkurven von Tiefseesedimenten während der letzten 140.000 Jahre und Gliederung in Isotopenstadien (1-6). Warme Isotopenstadien (abgeschmolzenes Gletschereis im Meer) sind durch ungerade Zahlen, kalte Isotopenstadien sind durch gerade Zahlen gekennzeichnet. Die Buchstaben kennzeichnen die mutmaßliche Zuordnung zu Interstadialen (Zwischenwarmzeiten) und Interglazialen (Warmzeiten): Am = Amersfoort, Br = Brörup, De = Denekamp, Ee = Eem, He = Hengelo, Ho = Holozän, Mo = Moershoofd, Od = Odderade. Die linke Kurve zeigt eine ausgeprägte ›Sägezahnstrategie‹ in der Abfolge Interglazial/Glazial bzw. Interstadial/Stadial. Sie würde bei einer Verkürzung der Zeitschiene noch extremer ausfallen. Die rechte Kurve zeigt den geglätteten Verlauf und die Unterteilung des Isotopenstadiums 5 [aus LANG 1994, 335].

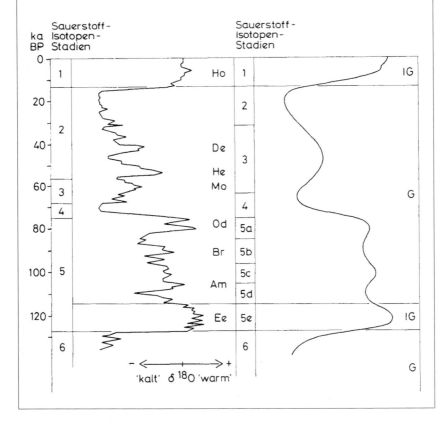

Eisbohrkerne (vgl. **Abb. 4.**6) nachgewiesen werden, dass zu Beginn des Spät- und Postglazials die Temperaturen innerhalb von wenigen Jahrzehnten um mehr als 5 °C angestiegen sind [vgl. z. B. DANSGAARD et al. 1993]. Aufgrund der rapiden Erwärmungen erlitt das amerikanische Eisschild zweimal einen teilweisen Zusammenbruch, der dem Meeresboden große Mengen eisverfrachteter Sedimente zuführte und den Meeresspiegel, der während der maximalen Vereisung im Hochglazial einen Tiefststand erreicht hatte, sprunghaft anhob. Das rasche Ansteigen des Meeresspiegels wird auch durch die Untersuchung einer karibisch-atlantischen Korallenart bestätigt, die nur in bestimmten Wassertiefen leben kann [vgl. DEWIEL 1995, 358f]. Auch hier zeigten die Untersuchungen, dass die Veränderungen nicht allmählich abliefen. Stattdessen konnten mehrere katastrophale Meeresspiegelanstiege (catastrophic rise events, CRE) nachgewiesen werden, die sich mit den aus Eisbohrkernen bekannten Erwärmungsphasen synchronisieren ließen (vgl. **Abb. 4.7**).

Die Eisbohrkerne zeigen auch, dass abrupte Klimawechsel nicht nur für das Ende, sondern auch während der Eiszeit typisch sind. In regelmäßigen Abständen gab es rapide, bis zu 10 °C starke Erwärmungen, die von längerfristigen Abkühlungsphasen gefolgt wurden. Diese Klimaschwankungen werden nach ihren Entdeckern W. DANSGAARD und H. OESCHGER DANSGAARD-OESCHGER-Ereignisse (oder auch kurz D/O-Events) genannt. Die Ursache für diese rapiden Klimawechsel wird heute in periodischen Schwankungen der Sonneneinstrahlung und der Schlüsselfunktion der Meeresströmungen für den globalen Wärme- und Feuchtigkeitstransport vermutet (siehe Kap. 7.3 im Anhang). Besonders ausgeprägte Klimaumschwünge gab es am Ende der letzten Eiszeit im Spätglazial. So folgte auf die kälteste Phase des Würm-Glazials im sogenannten Hoch- oder Pleniglazial zu Beginn des Spätglazials eine starke Wiedererwärmung. Gegen Ende des Spätglazials zeigen die Eisbohrkerne dann einen dramatischen Kälterückfall, der für kurze Zeit eiszeitliche Verhältnisse in Mitteleuropa zurückbrachte. Erst nach diesem Kälterückfall erfolgte die rapide Wiedererwärmung zu Beginn des Holozäns. Vegetationsgeschichtlich spiegelt sich das ›unruhige‹ Eiszeitende in den warmen späteiszeitlichen Bölling- und Alleröd-Interstadialen wider, in denen Mitteleuropa bereits mit Kiefern und Birken bewaldet war. Diese Klimaabschnitte wurden vor Beginn der endgültigen Erwärmung im Holozän noch von der Jüngeren Dryaszeit abgelöst, in der nochmals arktische Klimaverhältnisse mit einer Parktundrenvegetation nach Mitteleuropa zurückkehrten (vgl. **Abb. 3.2**).

Abb. 4.6: Sauerstoff-Isotopenkurve der letzten 13.000 Jahre aus dem grönländischen Gletschereis. Größere Minuswerte von ^{18}O stellen kältere und geringere Minuswerte wärmere Zeiten dar. Die schwarz unterlegten Kurvenabschnitte stellen Zeiten dar, in denen es durchschnittlich wärmer als heute war [nach DANSGAARD & HAMMER et al. aus LANG 1994, 338, verändert].

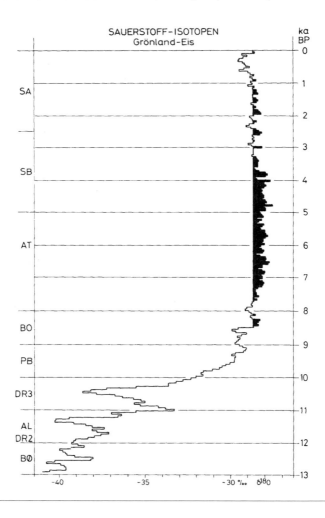

Abweichend von den bisherigen klimageschichtlichen Vorstellungen zeigen die Ergebnisse der Sauerstoff-Isotopenuntersuchungen auch, dass die Temperaturen nach den abrupten spätglazialen Klimawechseln im anschließenden Holozän relativ konstant geblieben sind (vgl. **Abb. 4.8**). Dies wurde bereits einige Jahre zuvor aufgrund vegetationsgeschichtlicher Untersuchungsergebnisse vermutet: So kann nach FRENZEL [1977, 306] die frühe Einwanderung der Waldvegetation bis an die heutige alpine und polare Waldgrenze als Indiz dafür gewertet werden, dass »das Ausmaß der Klimaschwankungen seit dem Ende des Spätglazials insgesamt nur sehr gering gewesen ist«. Demgegenüber wird die von STRAKA [1970, 239] vertretene Auffassung, dass der Wechsel von Eichenmisch- zu Buchenwäldern durch den »Übergang vom ›Eichenklima‹ zum ›Buchenklima‹«« herbeigeführt wurde, durch die Ergebnisse der Sauerstoff-Isotopenanalysen nicht unterstützt. Die immer wieder von den Quartärbotanikern geäußerte Vorstellung, dass die überlange nacheiszeitliche Waldgeschichte mit einem allmählichen Klimawandel plausibel gemacht werden könnte, ist somit nicht haltbar. Tatsächlich hat das nacheiszeitliche Klima in Mitteleuropa nach den dramatischen Klimaveränderungen im Spätglazial und der raschen Wiedererwärmung zu Beginn des Holozän einen klimatisch relativ konstanten Verlauf gezeigt.

4.2.2 Ergebnisse archäohistorischer, moorstratigraphischer und dendrochronologischer Untersuchungen

Im letzten Kapitel wurde anhand der Ergebnisse der Sauerstoff-Isotopenuntersuchungen gezeigt, dass das Klima der Nacheiszeit gegenüber dem sprunghaften Klima der letzten Eiszeit erstaunlich stabil ist. Während in der letzten Eiszeit die Temperaturen häufig um mehr als 6 °C von der Durchschnittstemperatur abwichen, betrug die Abweichung im Holozän selten mehr als 2 °C. Es wäre allerdings voreilig daraus die Schlussfolgerung abzuleiten, dass es in der Nacheiszeit keine markanten Änderungen des Klimas gegeben hat. Aus archäohistorischen, moorstratigraphischen und dendrochronologischen Untersuchungen sind eine Reihe von markanten Klimaänderungen bekannt, die sicherlich nicht völlig ohne Einfluss auf die Waldgeschichte geblieben sind. Insbesondere die jüngeren Klimaschwankungen haben aufgrund der stetig wachsenden Bevölkerungszahl und der sich rasch entwickelnden Zivilisationen auch deutliche Spuren in der Menschheitsgeschichte hinterlassen. Im Fol-

Abb. 4.7: Zusammenhang zwischen dem Meeresspiegelanstieg und Klimawechseln nach Untersuchungen an karibisch-atlantischen Korallen. Die Ergebnisse der Untersuchungen zeigen, dass der Meeresspiegel im Spät- und Postglazial nicht kontinuierlich, sondern in drei katastrophalen Ereignissen (CRE = catastrophic rise events) angestiegen ist [aus DEWIEL 1995, 358, verändert].

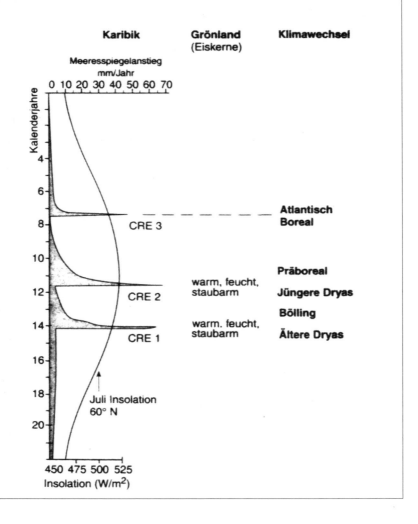

genden werden wichtige nacheiszeitliche Klimaänderungen und deren mögliche Ursachen vorgestellt. Anschließend wird dann der Einfluss dieser Klimaänderungen auf die Waldgeschichte diskutiert. Die aus der einschlägigen Fachliteratur übernommenen, größtenteils mit der Radiokarbonmethode erzeugten Zeitangaben sind dabei als Relativdaten zu verstehen, da sie bezüglich ihres Absolutcharakters umso weniger zuverlässig sind, je weiter sie ins Holozän zurückreichen.

Am bekanntesten ist sicherlich die Klimaverschlechterung zwischen 1310 und 1850 n. Chr., die ihre kältesten Perioden Ende des 16. und 17. sowie Mitte des 18. und zu Beginn des 19. Jahrhunderts hatte. Die meisten Leser werden aufgrund der eindrucksvollen Winterlandschaften des niederländischen Malers PIETER BRUEGHEL (1525-1569), die vereiste und tiefverschneite Landschaften – wie sie heute in Holland nicht mehr vorhanden sind – zeigen, eine bildliche Vorstellung von dieser Klimaverschlechterung haben. Die sogenannte ›Kleine Eiszeit‹ war aber keinesfalls ein einziges klimahistorisches Großereignis, sondern eher eine Periode mit Jahrzehnte langen kühlen Phasen, die von wärmeren Intervallen unterbrochen wurde [vgl. PFISTER 1984, 115ff.]. Die ›Kleine Eiszeit‹ löste das Klimaoptimum im 11. bis 13. nachchristlichen Jahrhundert ab. In dieser auch als ›mittelalterlicher Frühling‹ bekannten Zeit wurden u. a. die großen Kathedralen gebaut. Das Ende dieses Klimaoptimums wurde in der zweiten Dekade des 14. Jahrhunderts durch eine Reihe von Witterungskatastrophen mit zum Teil verheerenden Niederschlägen, Überschwemmungen und Kälteeinbrüchen eingeleitet (zu Einzelheiten vgl. BORK et al. [1998, 29ff.]). Allein von 1313 bis 1348 soll in Deutschland etwa die Hälfte des gesamten mittelalterlich-neuzeitlichen Bodenabtrags durch Starkregen erodiert worden sein. Als Extremjahr mit den heftigsten Überschwemmungen wird dabei das Jahr 1342 gehandelt [ebd. 245]. Die Verschlechterung der Ernährungssituation soll u. a. auch den Nährboden für die verheerende Ausbreitung der Pest geschaffen haben, der Mitte des 14. Jahrhunderts etwa ein Drittel der mitteleuropäischen Bevölkerung zum Opfer fiel.

Ein weiteres Klimaoptimum herrschte während der jüngeren Eisenzeit zwischen 200 v. Chr. bis 300 n. Chr.. In diese Zeit fällt die Blütezeit der römischen Kultur. Dieses Klimaoptimum wurde von einer Klimaverschlechterung zwischen 300 bis ca. 1.000 n. Chr. abgelöst, die u. a. auch als Auslöser für die Germanische Völkerwanderung verantwortlich gemacht wird. Allge-

Abb. 4.8: Die Sauerstoff-Isotopenkurve der letzten 250.000 Jahre aus einem grönländischen Eisbohrkern (a) zeigt, dass für die Zeit des Pleistozäns abrupte Klimaumschwünge typisch sind. Erst nach dem extrem schnellen Temperaturanstieg am Ende der Jüngeren Dryaszeit (b) sind die Temperaturen im Holozän weitgehend konstant geblieben [aus Lamb & Sington 2000, 154].

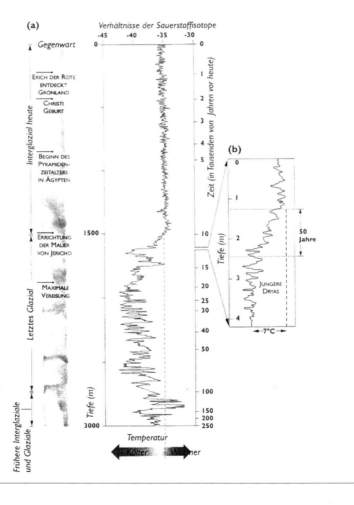

mein wird eingeschätzt, dass diese Klimaverschlechterung weniger gravierend war als der Temperatursturz zu Beginn der Kleinen Eiszeit. Sie wird im Unterschied zu den auch historisch gut dokumentieren Klimaschwankungen in der Kleinen Eiszeit häufig mit einem sehr gleichförmigen Verlauf oder auffällig rhythmischen Schwankungen dargestellt. Dies kann man auf sich beruhen lassen und damit erklären, dass über diese Klimaverschlechterung wenig bekannt ist, weil sie sich mit der Zeit des ›Dunklen Mittelalters‹ überschneidet. Dies kann man aber auch als weiteres Indiz dafür werten, dass die These des Chronologiekritikers HERIBERT ILLIG von den drei überflüssigen Jahrhunderten im frühen Mittelalter doch nicht so abstrus ist, wie gerne behauptet wird (siehe Exkurs 2 am Ende dieses Kapitels). Für diese These spricht, dass man – sobald sie erst im Hinterkopf gespeichert ist – überall Hinweise findet, die sie stützen. Auf der Suche nach Informationen über den Verlauf der Klimaverschlechterung im frühen Mittelalter stieß ich z. B. in einem Aufsatz, in dem der Zusammenhang zwischen dem C14-Gehalt der Atmosphäre und dem Eichenwachstum in den letzten 4.000 Jahren untersucht wurde, auf den erstaunlichen Befund, dass ausgerechnet der Zeitabschnitt zwischen 500 u. 900 n. Chr. wegen»der verhältnismäßig geringen Belegdichte der Chronologien« in der Betrachtung unberücksichtigt blieb [SCHMIDT & GRUHLE 1988, 178].

Ein weiteres Klimaoptimum wird in die Zeit zwischen 1.800 und 1.100 v. Chr. datiert. In dieser Zeit, die in etwa der älteren und mittleren Bronzezeit entspricht, stimmen die Jahrringmuster der europäischen Eichenchronologien deutlich überein. Eine solch hohe Übereinstimmung konnte für die gesamte Nacheiszeit mit Ausnahme zur Zeit des Klimaoptimums in der jüngeren Eisenzeit nicht beobachtet werden. Der Befund wird von SCHMIDT & GRUHLE [1988, 179] dahingehend interpretiert, dass in der Bronzezeit und in der jüngeren Eisenzeit großräumig ein einheitliches Klima geherrscht hat. Das Klimaoptimum endet mit einem Temperaturrückgang, der sich auch in einem ausgeprägten Rückgang der wärmeliebenden Hasel widerspiegelt [vgl. SCHÜTRUMPF & SCHMIDT 1977, 30ff.]. Dem Klimaoptimum in der Bronzezeit folgt eine gravierende Klimadepression in der Hallstattzeit (750 – 200 v. Chr.), die nach einem österreichischen Fundort benannt wird. In dieser Zeit weisen die europäischen Jahrringchronologien nur eine eingeschränkte Kurvenähnlichkeit auf, und die Dendrochronologie hat hier beachtliche Schwierigkeiten, die Baumringsequenzen zu verknüpfen. Die geringe Kurvenübereinstimmung der Eichenchronologien lässt sich damit erklären, dass in einer

Periode mit überdurchschnittlich hohen Niederschlägen andere großräumige Klimafaktoren nur einen geringen Einfluss auf das Wachstumsgeschehen von Eichen haben. Die C14-Methode hat in dieser Zeit ähnliche Datierungsprobleme, weil die C14-Schwankungen in der Hallstattzeit auffallend groß sind. Von den C14-Physikern wird diese Zeitspanne auch als »Hallstattdesaster« bezeichnet.

SCHMIDT & GRUHLE [1988, 179f] führen mit Bezug auf verschiedene Quellen eine Reihe von markanten Befunden an, die für eine Vernässung und Abkühlung in der Hallstattzeit sprechen: Spätbronzezeitliche Bohlenwege durch Moore sind um 700 v. Chr. außergewöhnlich aufwendig gebaut. Nur in dieser Zeit hat man die Bohlen gegen seitliches Verrutschen gesichert. Da der Erhaltungszustand der verwendeten Hölzer überdurchschnittlich gut ist, müssen die Bohlen ständig in einem feuchten beziehungsweise nassen Milieu gelegen haben, bis sie schließlich vom Moor überdeckt wurden. Zudem liegen die Wege im Übergang vom Schwarz- zum Weißtorf. Dieser Übergang wurde durch den Beginn einer zunehmenden Vernässung verursacht. Aus Eichenfunden in küstennahen Moorgebieten ist bekannt, dass in der Zeit zwischen 750 und 650 v. Chr. überdurchschnittlich viele Eichen an Vernässung gestorben sind. Ferner waren die Marschen von 700 bis 100 v. Chr. nicht mehr bewohnt. Aus vielen Fundstellen ist zudem bekannt, dass die Siedlungsspuren von der Jungsteinzeit bis in die jüngste Bronzezeit überwiegend in den Flußauen liegen, während von da an mit verschwindend geringen Ausnahmen die höher gelegenen überschwemmungsfreien Flussterrassen die Funde lieferten. Es änderte sich aber nicht nur die in der vorhergehenden trockeneren, subborealen Periode enger an die Wassernähe gebundene Gunst der Siedlungsplätze. Auch die Verkehrsverhältnisse wurden durch die schlechtere Gangbarkeit der Täler, die Verlagerung der Furten, Vergrößerung und Neuentstehung von Seen grundlegend verändert.

Der Prähistoriker SMOLLA [1954, 168ff.] hat eine Vielzahl von Indizien dafür zusammengetragen, dass diese Klimadepression nicht allmählich, sondern durch einen radikalen »Klimasturz« eingeleitet wurde: So fand man bei Grabungen in Südwestdeutschland über Kulturschichten der spätesten Bronzezeit mächtige Abschwemm-Massen, die von überaus starken Regenfällen zeugen. Über den bis zu 3 m mächtigen Geröll- und Lehmmassen befanden sich Kulturschichten der späten Hallstattzeit, wodurch der Zeitpunkt der großen Unwetterkatastrophen einigermaßen eingeengt werden konnte. Ebenfalls dieser Unwetterkatastrophe zuzuordnen sind an südwestdeutschen Flüssen abgelagerte, bis zu 4 m mächtige Schotterdecken, die auf einer durch Auenlehm und torfige Schichten gebildeten alten Oberfläche liegen. Die ehemals vorhandenen Bäume wurden zum Teil an Ort und Stelle eingeschottert. Die Mächtigkeit der Schotter, ihre regellose Lagerung, die scharfe Grenze, mit der sie über den humosen Ablagerungen liegen, deuten darauf hin, dass die Schotterdecken durch ein oder mehrere, in kurzen Zeitabständen folgende Hochwässer gebildet worden sind. GAMS & NORDHAGEN [1923, 304f] nennen als weitere Indizien für eine abrupte Klimadepression: Das Vorrücken der Gletscher in den Alpen, das Aufhören der Flugsandbildung, Bewaldung der Binnen-Dünen, der Untergang der auf Mooren angesiedelten Wälder und Heiden, das Aussterben wärmeliebender Pflanzen und die Neuausbreitung verschiedener Baumarten.

Nach Einschätzung von SMOLLA [1954, 169] sind in Mitteleuropa nur die Spuren einer einzigen Klimaänderung nachzuweisen, der so starke Auswirkungen zugeschrieben werden können. Der Beginn dieser Klimakatastrophe wird von ihm aufgrund archäostratigraphischer Befunde noch vor dem Beginn der älteren Hallstattkultur (750 v. Chr.) in das Ende der jüngeren Urnenfelderperiode um 800 v. Chr. datiert. Diese Klimakatastrophe kann daher gut mit der zweiten von VELIKOVSKY postulierten kosmischen Katastrophe parallelisiert werden. VELIKOVSKY weist zusätzlich zu den von SMOLLA angeführten Indizien darauf hin, dass Hochwasser- und tektonische Katastrophen gleichzeitig Verwüstungen in ganz Mitteleuropa gebracht hätten: »...Täler aufreißend und Seen entleerend, Tier- und Menschleben vernichtend, plötzlich das Klima ändernd und Wälder durch Moore ersetzend« [1983, 194]. Die erste von VELIKOVSKY etwa in die Mitte des 2. Jahrtausends v. Chr. datierte kosmische Katastrophe, die klimatisch ähnliche Auswirkungen wie die zweite gehabt haben soll, ist schwerer mit anderen Befunden zu parallelisieren. Nach VELIKOVSKY soll sie identisch mit den Flut- und Hochwasserkatastrophen am Ende des Neolithikums sein, die z. B. aus der ersten Überschwemmung der Pfahlbauten an süddeutschen und Schweizer Seen bekannt sind [vgl. z. B. GAMS & NORDHAGEN 1923, 296ff.]. Diese durch Überlieferungen aus verschiedensten Kulturen gut dokumentierte kosmische Katastrophe ist auch deshalb schwer zu verorten, weil VELIKOVSKY bezüglich ihrer Datierung selbst vieldeutig bleibt. Zum Beispiel bringt er die dramatischen Auswirkungen dieser Katastrophe immer wieder mit den Umbrüchen am Ende der letzten Eiszeit in

Zusammenhang. Dies kann schon allein deshalb nicht zutreffen, weil der Beginn der Nacheiszeit sicherlich nicht mit dem Ende des Neolithikums zusammenfällt.

Eine weitere Klimadepression wird von dem Schweizer Archäozoologen JÖRG SCHIBLER [et al. 1997] in die Jungsteinzeit, also etwa in den Beginn des Subboreals zwischen 3.700 und 3.300 v. Chr. datiert. Kaum hatte sich der Ackerbau von Kleinasien kommend in Europa etabliert, bedrohte ein Klimaumschwung die Steinzeitbauern. Sintflutartige Regenfälle, Bodenfrost bis in den Sommer und Schnee im Oktober verdarb den Bauern die Ernten. In Mitteleuropa wurde es zu dieser Zeit derart feucht und kühl, dass die steinzeitlichen Bauern von ihren Erträgen nicht mehr leben konnten. Die neolithischen Bauern fanden einen Ausweg aus der Klimakrise, indem sie sich wieder aufs Jagen und Sammeln verlegten. Von dieser Ernährungsstrategie zeugen die Abfallhaufen zahlreicher jungsteinzeitlicher Feuchtbodensiedlungen zwischen Bodensee, Jura und Alpen. Statt Weizen und Gerste fanden sich Reste prähistorischen Sammelguts wie Haselnüssen oder Wildäpfel und Knochen von Wildtieren in den Siedlungsschichten. Man schätzt, dass die durchschnittlichen Sommertemperaturen in Mitteleuropa in dieser Zeit um 2 bis 3 °C gesunken waren. In der Folge wuchsen die Alpengletscher, die Baumgrenze sank, und zunehmende Niederschläge trieben die Wasserspiegel der Seen in die Höhe. Von anderen Autoren wird diese Klimadepression aufgrund geringer Ähnlichkeiten von Ringsequenzen bei den europäischen Eichenchronologien und ausgeprägten C14-Schwankungen in die Zeit zwischen 3.250 und 2.900 v. Chr. datiert [vgl. SCHMIDT & GRUHLE 1988, 181f].

Die gravierendste Klimaverschlechterung des Holozäns soll um 8.200 BP etwa zu Beginn des Atlantikums eingetreten sein. Dieses auch als ›Mini-Eiszeit‹ bezeichnete Abkühlungsereignis war vermutlich nur von kurzer Dauer. Nach Auffassung von BARBER et al. [1999] soll es durch einen massiven Ausbruch der riesigen Agassiz- und Ojibway-Eisstauseen verursacht worden sein. Diese Eisstauseen konnten wegen des Zurückweichens des nordamerikanischen Eisschildes über die Hudsonstraße in den nördlichen Atlantik entwässern. Durch diesen Süßwassereinbruch geriet die thermohaline Zirkulation (vgl. Kap. 7.3 im Anhang) im Nordatlantik ins Stocken, und in Mitteleuropa wurde es empfindlich kälter. Es ist nicht auszuschließen, dass diese Klimaverschlechterung mit der zuvor genannten identisch ist. Die bei der Analyse grönländischer Eisbohrkerne gefundenen Klimaschwankungen können nämlich nur durch zweifelhafte Datierungsmethoden mit archäologischen Befunden parallelisiert werden. Dieser Klimaeinbruch war allerdings nicht so dramatisch wie der vermutlich ebenfalls durch Abschmelzvorgänge am amerikanischen Inlandeis und den Ausfall der ›Klimapumpe‹ verursachte Klimarückschlag zu Beginn der Jüngeren Dryaszeit. Damals kehrten in Europa für kurze Zeit arktische Klimaverhältnisse zurück.

Exkurs 2: Fiktive Jahrhunderte im frühen Mittelalter

Zum Verdruss der etablierten Mittelalterforscher hat der ›Mediävistenschreck‹ HERIBERT ILLIG in seinen Büchern [1994, 1999, sowie ILLIG & ANWANDER 2002] eine Vielzahl von Belegen dafür zusammengetragen, dass das erste nachchristliche Jahrtausend erheblich zu lang und die Zeit zwischen 614 und 911 n. Chr. als fiktiv einzustufen ist.

Diese sogenannte ›Phantomzeitthese‹ wird seit nun mehr fast zehn Jahren nicht nur von Mediävisten, sondern auch von einer Reihe anderer Universitätsdisziplinen heftigst attackiert. Erstaunlicherweise hat diese auf den ersten Blick unglaubliche These bislang allen Angriffen standgehalten. Weder den Mediävisten und Architekturhistorikern noch den Astronomen und Dendrochronologen ist es bisher gelungen, ein ›Totschlagargument‹ gegen diese These zu finden.

Trotzdem kann ich keinem Leser, der von dieser These zum ersten Mal hört, verdenken, wenn er eine solche, nur etwas mehr als ein Jahrtausend zurückliegende Zeitfälschung für völlig indiskutabel und abstrus hält. Auch hier empfehle ich den Lesern, sich zunächst mit den Argumenten, die HERIBERT ILLIG und zwischenzeitlich auch viele andere Chronologiekritiker für die Phantomzeitthese zusammengetragen haben, ernsthaft auseinanderzusetzen, bevor sie sich ein abschließendes Urteil bilden. Hier möchte ich nur kurz einige pollenanalytische Befunde für die Phantomzeit diskutieren:

Zunächst fällt auf, dass die pollenanalytischen Befunde für diesen, nur etwas mehr als ein Jahrtausend zurückliegenden, bereits weitgehend geschichtlichen Zeitraum im Unterschied zu den relativ prägnanten Abgrenzungen prähistorischer Zeiträume ausgesprochen unscharf und vage sind. So wird die relevante pollenfloristische Grenze zwischen dem älteren und jüngeren Subatlantikum von FIRBAS [1949, 51] als »Beginn (...) eines neuerlichen oder verstärkten Auftretens von Getreidepollen und verschiedener anderer NBP [= Nichtbaumpollen; G.M.] als Ausdruck des Beginns der großen mittelalterlichen Rodungen etwa zwischen 600 – 1300 n. Chr.« umschrieben.

Auch OVERBECK, der abweichend von FIRBAS eine detaillierte, nur für Westdeutschland gültige Einteilung der Pollenzonen entwickelt hat, bleibt hier sehr vage. Er umschreibt den mittleren Teil des Subatlantikums als Zeitraum von »~150 v. Chr. bis 800 - 1200 n. Chr.« [1975, 487]. Die auffällige Unschärfe der an offensichtlich diffusen biostratigraphischen und archäologischen Befunden orientierten zeitlichen Abgrenzungen setzt sich fort, wenn OVERBECK versucht, für das frühe Mittelalter allgemeine Übereinstimmungen zwischen archäologischen und pollenanalytischen Befunden zu beschreiben: »In der Sachsenzeit (500 – 700 n. Chr.) erreichen an mehreren Lokalitäten (...) die Siedlungszeiger ihren Tiefstand oder behalten diesen bei, sofern er nicht schon früher erreicht wurde (...). Jedenfalls entsprechen diese Befunde durchaus archäologischen Vorstellungen und zeigen, dass siedlungsarme Phasen sehr wohl durch die Pollenanalyse ihren Ausdruck finden« [1975, 522].

Man möchte hinzufügen, dass vielleicht auch erfundene Zeiten in der Pollenanalyse ihren Ausdruck finden und dass die biostratigraphischen Zonierungen vor allem in ihrer charakteristischen Unschärfe den archäologischen Vorstellungen für diese Zeit entsprechen!.

4.2.3 Klimaänderungen und Waldgeschichte

Im Widerspruch zu den Überlegungen der Vegetationsgeschichtler haben die Ergebnisse der Sauerstoffisotopenanalyse gezeigt, dass die Klimaerwärmung am Übergang vom Pleistozän zum Holozän nicht allmählich, sondern abrupt vor sich gegangen ist. Mit welch enormer Geschwindigkeit die Gehölze dem beginnenden Eisrückzug folgen konnten, zeigt der Nachweis eines spätglazialen Waldes (»Two Creeks-Forest«) am Michigansee in den USA. Gemäß den Untersuchungen wuchsen während der ausgehenden Wisconsin-Eiszeit vor ca. 12.000 Jahren Fichtenwälder auf den gerade erst entstandenen Moränen im unmittelbaren Stirnbereich des großen kanadischen Eisschildes [KAISER 1993, 69ff.]. Alles deutet darauf hin, dass die Wiederbewaldung schnell vor sich gegangen war und das Milieu daher nicht arktisch gewesen sein kann. Als Beleg für eine radikale Erwärmung beim beginnenden Eisrückzug muss dabei der Umstand gewertet werden, dass das Wachstum dieser Fichtenwälder weniger vom Kälteregime des Gletschers als vom Wasserregime der Gletscherflüsse bestimmt wurde [SCHWEINGRUBER 1993, 184]. Die späteiszeitlichen Gehölze hatten somit selbst in der Nähe der Gletscher weniger mit der Kälte, als mit Überschwemmungen und hohen Grundwasserständen zu kämpfen. Die von den Vegetationsgeschichtlern im Banne des Zeitdiktats postulierten allmählichen Klima- und Vegetationsveränderungen werden durch Untersuchungen am »Two Creeks-Forest« nicht bestätigt. Hier zeigt sich einmal mehr, dass aus aktualistischen Vorstellungen abgeleitete Hypothesen über die Naturgeschichte bei einer näheren empirischen Überprüfung häufig keinen Bestand haben.

Aber nicht nur die Bäume, auch die Menschen sind dem Eisrückzug mit erstaunlicher Geschwindigkeit gefolgt: So wird bei OVERBECK [1975, 422ff.] ausführlich der paläolithische Fundplatz einer Rentierjägerstation im »Meiendorf-Ahrensburger Tal« bei Hamburg beschrieben, der im Jahre 1932 von dem Urgeschichtler ALFRED RUST gefunden worden ist. Aufgrund von C14-Datierungen ist der Fundplatz später in die älteste Dryaszeit (baumlose Tundrenzeit), auf ca. 13.000 BP datiert worden. Wegen seiner Verknüpfbarkeit mit Seeablagerungen konnte der Fundplatz auch pollenanalytisch ausgewertet werden. Die Erstbesiedlung des Lagerplatzes soll recht schnell nach dem Eisfreiwerden erfolgt sein, weil die Kulturschicht fast unmittelbar über warwig gebänderten Sanden liegt. Folglich lagerten diese Menschen »nahe

dem letztglazialen Eisrand« [MÜLLER-KARPE 1998, 95]. Der Fundplatz ist von
großer prähistorischer Bedeutung, weil hier zum ersten Mal der Nachweis gelang, dass schon die jungpaläolithischen Rentierjäger sich des Zeltes als
transportabler Behausung bedienten und ihre Beutetiere mit Pfeil und Bogen
jagten. Da nicht nur die Eisrandlagen, sondern sogar ganz Mitteleuropa nördlich der Alpen in der ältesten Dryaszeit baumlos waren, muss das Phänomen,
dass die Rentierjäger bereits über Kiefernholz für Zeltstangen sowie Pfeil und
Bogen verfügt haben, nach konventioneller Vorstellung unverstanden bleiben.

Über den Einfluss von Klimaänderungen auf die holozäne Waldgeschichte ist in der einschlägigen Literatur schon sehr viel spekuliert worden. Die Ursache dafür liegt darin, dass bisher nur wenige widerspruchsfreie Zusammenhänge zwischen Klima- und Vegetationsveränderungen vorliegen. Fast durch-
weg gilt: Wo immer die Quartärforscher glauben, einen speziellen Zusammenhang zwischen der Veränderung eines Klimaparameters und der Ausbreitung eines Gehölzes gefunden zu haben, finden sich andere Gehölze, die einem solchen Zusammenhang widersprechen. Vor allem der Verlauf der nacheiszeitlichen Feuchtigkeitsschwankungen ist umstritten. Es lassen sich daher
nur wenige halbwegs gesicherte Trends erkennen: So ist die rasche Erwärmung zu Beginn des Holozäns sicherlich dafür verantwortlich, dass sich die
Hasel (*Corylus avellana*) und die Bäume des Eichenmischwaldes sehr rasch
ausbreiten konnten. Durch Großrestfunde konnte sogar belegt werden, dass
sich die Hasel (sowie weitere wärmeliebende Bäume) im Atlantikum und
Subboreal über ihre heutige Nordgrenze in Skandinavien hinaus ausdehnen
konnte. Dies kann vernünftigerweise nur damit erklärt werden, dass die Temperaturen zu dieser Zeit Werte erreicht haben, die erheblich über den heutigen
Werten lagen [vgl. HUNTLEY 1988, 360ff.]. Dies wird auch die Ergebnisse der
Sauerstoff-Isotopenuntersuchungen bestätigt. Ferner deutet die fortschreitende Ausbreitung der Erle (*Alnus*) oder auch der Esche (*Fraxinus excelsior*) in
den trockeneren mitteleuropäischen Gebieten darauf hin, dass das Klima vom
Beginn des Atlantikums an feuchter geworden ist. Ein einschneidender Wandel vollzog sich erst nach dem Klimasturz zu Beginn des Subatlantikums als
es erheblich feuchter und kälter wurde. Hasel, Ulme (*Ulmus*) und Linde
(*Tilia*) gehen stark zurück; Buche (*Fagus sylvatica*), Hainbuche (*Carpinus
betulus*), Fichte (*Picea abies*) und Tanne (*Abies alba*) erleben teilweise auch
zu Lasten der Eiche (*Quercus*) ihre größte Ausdehnung. Der Einfluss dieses
Klimasturzes auf die Waldentwicklung kann allerdings auch so aufgefasst

werden, dass er die sowieso schon ablaufenden Sukzessionsvorgänge noch unterstützt hat.

Zusammenfassend ist festzustellen, dass der Faktor Klimaänderungen nicht dazu geeignet ist, sämtliche Phänomene der nacheiszeitlichen Wieder-bewaldung zu erklären und dass viele in der Vergangenheit von den Vegetati-onsgeschichtlern postulierte Zusammenhänge auf Zirkelschlüssen beruhen. Als wichtiger abiotischer Standortfaktor für den Ablauf von Sukzessionsvor-gängen haben Klimaveränderungen jedoch sicherlich die Artenzusammenset-zung der holozänen Schlusswaldgesellschaften maßgeblich beeinflusst, in dem sie z. B. bereits abgeschlossene Sukzessionen wieder in Gang gebracht haben. Eine gewisse Bedeutung muss dem Faktor Klimaänderung schon al-lein deshalb eingeräumt werden, weil nicht alle Phänomene der nacheiszeitli-chen Wiederbewaldung mit dem Faktor natürliche Sukzession erklärt werden können und weil bei dessen völligen Monopolstellung die holozäne Waldge-schichte nach wenigen hundert Jahren ihren Finalzustand erreicht hätte.

4.3 Die Bedeutung des waldgeschichtlichen Faktors Mensch

In den letzten Jahren ist bei den Quartärbotanikern eine zunehmende Tendenz festzustellen, gravierende Ungereimtheiten in der nacheiszeitlichen Waldge-schichte – die nach meiner Auffassung durch ihre viel zu lange Dauer verur-sacht sind – durch eine Überbewertung des waldgeschichtlichen Faktors Mensch zu erklären. Dies gilt nicht nur für die Kulturepoche des Neolithi-kums, in der noch ein gewisses Verständnis für diesen Trend aufzubringen wäre, weil sich hier Bauernkulturen mit Waldweidewirtschaft und verstärkter Rodungstätigkeit in Mitteleuropa ausbreiteten, sondern sogar für das Meso-lithikum, also der vorhergehenden Kulturepoche. Im Mesolithikum erscheint ein gravierender Einfluss des Menschen auf die Waldgeschichte aber ganz unwahrscheinlich, weil Mitteleuropa zu dieser Zeit außerordentlich dünn be-siedelt war. Viele Quartärbotaniker folgen damit einem allgemein in den na-turgeschichtlichen Disziplinen zu beobachtenden Trend, nämlich den Men-schen als primären Verursacher für alle möglichen nicht verstandenen (oder sogar erfundenen) Phänomene verantwortlich zu machen, und zwar vom Aus-sterben der eiszeitlichen Großsäuger bis hin zu ebenso konstruierten wie überschätzten Veränderungen des derzeitigen Weltklimas. Zur untergeordne-ten Rolle steinzeitlicher Großwildjäger beim Aussterben der pleistozänen Me-

gafauna vgl. man z. B. VON KOENIGSWALD [1999] oder MENTING [2000]; zur
Dekonstruktion einer angeblich durch den industriellen Ausstoß von Treib-
hausgasen drohenden Klimakatastrophe z. B. HEINSOHN [1996] oder CALDER
[1997].

Auch in der konventionellen vegetationsgeschichtlichen Literatur wird gelegentlich vor einer grundsätzlichen Überbewertung der Rolle des Menschen
für die Erklärung von waldgeschichtlichen Ereignissen gewarnt, wie folgende
Bemerkung von HUNTLEY [1988, 368] zeigt:»Many European palynologists
have built a primafacie case for the role of humans in explaining any obser-
ved change in European vegetation that occurs after the first clear evidence
for forest clearance and agriculture. This case must be examined carefully,
however, and separatly, for each phenomenon attributed to humans, and must
not be accepted as proven«. Die Überbewertung des anthropogenen Einflusses auf die Waldgeschichte soll im Folgenden an Beispielen aus den verschiedenen nacheiszeitlichen Kulturepochen illustriert und kritisiert werden. Zur
Zuordnung der Kulturepochen zu den biostratigraphischen Zonen vergleiche
Abb. 4.9.

4.3.1 Jungpaläolithikum

In der quartärbotanischen Literatur ging man bisher davon aus, dass während
des Jungpaläolithikums (~40.000 bis 10.000 BP) der Einfluss des Menschen
auf die Vegetation insgesamt sehr gering gewesen sei. Dies wird mit der äußerst geringen Bevölkerungszahl sowie der nomadischen Lebensweise der
hoch- und späteiszeitlichen Menschen erklärt. Für ganz Europa lag die Zahl
der Menschen wahrscheinlich nur in einer Größenordnung von wenigen zehn-
tausend bis einigen hunderttausend Menschen [LANG 1994, 231]. Nach einer
Abschätzung von ZIMMERMANN [1996, 51] lebten im gesamten Jungpaläolithikum nie mehr als 0,01 Menschen pro Quadratkilometer in Mitteleuropa. Auf
die Fläche der Bundesrepublik Deutschland umgerechnet, sind dies kaum
mehr als 4.000 Menschen, also die Bevölkerung eines Dorfes! Für die Zeit
des Hochglazials, d. h. der kältesten Phase der letzten Kaltzeit unmittelbar
vor dem Beginn des Spätglazials wird sogar vermutet, dass die Populationen
der steinzeitlichen Jägerkulturen in Mitteleuropa völlig zusammengebrochen
sind [VON KOENIGSWALD 1999, 194ff.]. Vor diesem Hintergrund muss überraschen, dass in jüngster Zeit von einigen Autoren vehement ein nachhaltiger

Einfluss der jungpaläolithischen Menschen auf die nacheiszeitliche Wiederbewaldung postuliert wird.

Die Argumentation dieser Autoren lautet wie folgt [vgl. z. B. GEISER 1992,
BUNZEL-DRÜKE 1997 oder GERKEN & GÖRNER 1999]: Während der Warmzei-
ten des Eiszeitalters hätten große pflanzenfressende Landsäuger des Eiszeital-
ters (auch als pleistozäne Megaherbivoren bezeichnete Großsäuger wie z. B.
Waldelefant oder Riesenhirsch) dafür gesorgt, dass sich die mitteleuropäische
Naturlandschaft nicht vollständig bewalden konnte, sondern eine halb offene
Naturweidelandschaft war. Demgegenüber hätten die für die jetzige holozäne
Warmzeit so typischen geschlossenen Waldlandschaften nur entstehen können, weil es jungpaläolithischen Großwildjägern aufgrund ihrer fortschrittli-
chen Waffentechnik (Einsatz von effektiven Fernwaffen wie Pfeil und Bogen
oder Speerschleuder) gelungen sei, die pleistozänen Großsäuger weitgehend
auszurotten. Die auch Overkillhypothese genannte These vom steinzeitlichen
Massenmord wurde in den sechziger Jahren des letzten Jahrhunderts von dem
amerikanischen Paläontologen PAUL S. MARTIN formuliert und wird seitdem
von ihren Anhängern vehement verfochten [vgl. z. B. MARTIN 1984]. Bei europäischen Paläontologen hat sie nach Einschätzung des deutschen Paläontologen VON KOENIGSWALD [1998] nie viel Anhänger gefunden.

Neuerdings hat die Overkillhypothese allerdings auch in Europa mehr Be-
fürworter gefunden. Bei den Autoren, von denen sie aufgegriffen und propa-
giert wird, fällt auf, dass sie von ihrer professionellen und wissenschaftlichen
Herkunft her allesamt dem Naturschutz näher als der Paläontologie stehen.
Die Naturschützer bedienen sich dabei der Overkillhypothese, um ihre in die
Kritik geratenen, kosten- und eingriffsintensiven Pflegekonzepte zu legitimie-
ren [vgl. MENTING 1999a]. Immer häufiger wird nämlich an den Naturschutz
die Frage herangetragen, was das eigentlich mit Natur zu tun habe, wenn in
Schutzgebieten durch Roden, Abschieben des Bodens oder Mähen und Be-
weiden die natürliche Sukzession, d. h. die natürliche Rückentwicklung zu
Wald, verhindert wird. Von Seiten des Naturschutzes wird nun mit ausdrück-
lichem Bezug auf die These vom steinzeitlichen Massenmord behauptet, dass
die umstrittenen Pflegemaßnahmen zur Offenhaltung der Landschaft u. a.
auch deswegen erforderlich seien, weil mit ihnen die Weidetätigkeit der durch
den Menschen ausgerotteten großen Landsäuger des Eiszeitalters nachgeahmt
würde. Und wenn eine Pflegemaßnahme dazu diene, den ursprünglichen Na-

turzustand wiederherzustellen, dann sei sie unabhängig von ihrer Eingriffsintensität legitim, naturnah und notwendig.

In Wirklichkeit ist die Geschichte von der Overkillhypothese und der Naturweidelandschaft aber keineswegs so abgesichert, wie von den Autoren behauptet wird. So ist äußerst zweifelhaft, ob die großen eiszeitlichen Landsäuger die interglazialen Landschaften so intensiv beweidet haben, dass damals keine geschlossenen Waldlandschaften entstehen konnten [vgl. hierzu MAY 1993; ELLENBERG 1996]. Tatsächlich finden sich in pollenanalytisch ausgewerteten interglazialen Ablagerungen kaum Belege dafür, dass die von den Naturschützern favorisierte Naturweidelandschaftstheorie zutrifft [ZOLLER & HAAS 1995; POTT 1997; LITT 2000]. Vielmehr spricht die geringe Zahl der in den interglazialen Ablagerungen gefundenen Hinweise auf Offenlandzeiger (lichtbedüftige krautige Pflanzen) für weitgehend geschlossene Waldlandschaften. Zum anderen ist keineswegs bewiesen, dass das Aussterben der pleistozänen Megafauna durch steinzeitliche Großwildjäger verursacht wurde. Vielmehr steht die Overkillhypothese seit Beginn ihrer Formulierung in heftiger Konkurrenz zur Klimahypothese [zur Diskussion und Kritik vgl. MENTING 2000]. Diese besagt, dass in erster Linie klimatische Veränderungen am Ende des Eiszeitalters für das Aussterben der großen Landsäuger verantwortlich sind. In jüngster Zeit wird sogar von einer wachsenden Zahl von Quartärforschern die Auffassung vertreten, dass nicht allmähliche Klimaveränderungen, sondern abrupte klimatische Umbrüche oder gewaltige Naturkatastrophen für das Aussterben der pleistozänen Megafauna verantwortlich sind [vgl. z. B. BERGER 1991, 120ff.; JUX 1990, 105; PIELOU 1991, 265f; MENTING 1999, 29f].

4.3.2 Mesolithikum

Auch im Mesolithikum (~10.000 bis 6.000 BP) soll der Einfluss des Menschen auf die Waldgeschichte in Mitteleuropa eher gering gewesen sein. Die Ursache dafür wird ähnlich wie im Jungpaläolithikum in der weiterhin geringen Bevölkerungszahl und in der nomadischen Lebensweise der Menschen im Mesolithikum gesehen. Bezüglich dieser weithin akzeptierten Einschätzung wird in der quartärbotanischen Literatur nur eine Ausnahme diskutiert, nämlich der Einfluss des Menschen auf die ungewöhnlich rasche nacheiszeitliche Ausbreitung der Hasel. So wird vermutet, dass der frühmesolithische Mensch durch die Verschleppung der Haselnüsse auf seinen Wanderungen die Ausbreitung dieses schwerfrüchtigen Strauches beschleunigt hätte [BONN & PO-SCHLOD 1998, 114]. Daran anknüpfend vermutet SCHWAAR [1988, 35] sogar, dass mesolithische Jäger und Sammler durch »gezielte Feuerlegung« die Ausbreitung der lichtbedürftigen Hasel auf »künstlich geschaffenen Lichtungen« gefördert hätten. Auch KÜSTER [1995, 68] glaubt, dass der Mensch der mittleren Steinzeit »aktiv dafür gesorgt hat, dass Haselnüsse in der Nähe ihrer Aufenthaltsorte wuchsen«, um damit »die so plötzliche und durchschlagende Wirkung des Haselbusches in Mitteleuropa vor 9.000 Jahren« erklären zu können.

Tatsächlich sind in mehreren als mesolithisch eingestuften Siedlungen reichlich Reste von Haselholz und Haselnüssen gefunden worden [Zusammenstellung bei FIRBAS 1949, 154ff.]. Daraus schließt man, dass der Mensch sich vor dem gezielten Anbau von Getreide im Neolithikum maßgeblich von den Früchten des Haselstrauches ernährt habe. Die Hasel wird daher auch als ›Getreide‹ oder ›Brotfrucht‹ des Mesolithikums bezeichnet. FIRBAS [1949, 156, 352] weist aber einschränkend darauf hin, dass der Vergleich von Hasel und Getreide nicht im Sinne eines Anbaus verstanden werden darf. Vielmehr sei die Förderung der Ausbreitung der Hasel wohl mehr durch eine unbeabsichtigte Verschleppung der Haselnüsse auf den Wanderungen der mesolithischen Sammler verursacht worden. Davon abweichend vertritt der Vegetationsgeschichtler KÜSTER [1995, 68] die Auffassung, dass der Mensch der Mittleren Steinzeit seine Umwelt bereits »aktiv« als »Kulturlandschaft« gestaltet habe. KÜSTER versucht damit auch, die schnelle Ausbreitung der Hasel verständlich zu machen. Diese Spekulation ist aber aufgrund der dünnen Besiedlung Mitteleuropas im Frühholozän weder plausibel noch wahrscheinlich. Demgegenüber schätzt der Quartärbotaniker LANG [1994, 231] den tatsächlichen Forschungsstand realistischer ein: LANG stellt nämlich resümierend fest, dass die Mitwirkung des Menschen bei der Ausbreitung der Hasel für Westeuropa nicht gesichert sei.

Der unbefriedigende Forschungsstand bezüglich der Frage, welchen Einfluss der frühholozäne Mensch auf die Waldgeschichte gehabt hat, hängt ursächlich damit zusammen, dass es für das nach üblicher Auffassung mehrere Jahrtausende dauernde Mesolithikum erstaunlich wenig Fundplätze gibt. Bei einem Teil dieser Fundplätze ist darüber hinaus umstritten, ob sie eine eigenständige Kulturepoche repräsentieren oder ob sie zeitlich parallel zu paläolithischen oder neolithischen Kulturen einzustufen sind. Diese Zweifel wer-

Abb. 4.9: Allgemeine Zuordnung von klima-, bio- und archäostratigraphischen Abschnitten im Spät- und Postglazial [aus BONN & POSCHLOD 1998, 107].

Jahre v./n. Chr.	Klimastratigraphische Gliederung	Biostratigraphische Gliederung	Archäostratigraphische Gliederung
2.000		Forste	Moderne
1.000	Subatlantikum	Buchenzeit	Mittelalter
0			Eisenzeit
1.000		Eichenmischwald-	Bronzezeit
2.000	Subboreal (Späte Wärmezeit)	Buchenzeit	
3.000	Postglazial		
4.000	Atlantikum (Wärmezeit)	Eichenmischwaldzeit	Neolithikum
5.000			
6.000	Boreal (Frühe Wärmezeit)	Haselzeit	Mesolithikum
7.000	Präboreal (Vorwärmezeit)	Birken-Kieferzeit	
8.000	Jüngere Dryas	Tundrenvegetation	
9.000	Alleröd	Kiefern-Birkenzeit	
10.000	Ältere Dryas		
11.000	Bölling		Paläolithikum
12.000	Spätglazial	Tundrenzeit	
13.000	Älteste Dryas		
14.000			
15.000			

Abb. 4.10: Ausbreitung neolithischer Bauernkulturen. Nach dieser Darstellung soll sie sich vom Kerngebiet im »Fruchtbaren Halbmond« in Südanatolien ausgehend nach Europa und Afrika vollzogen haben [aus HOPF 1978, 34].

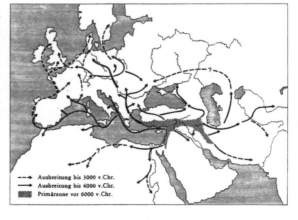

–––→ Ausbreitung bis 3000 v.Chr.
——→ Ausbreitung bis 4000 v.Chr.
▨▨▨ Primärzone vor 6000 v.Chr.

den auch durch vegetationsgeschichtliche Befunde, wie z. B. die Vergesell-
schaftung mesolithischer Funde mit Großresten der sich erst nach dem Ende
des Mesolithikums ausbreitenden Buche unterstützt [vgl. FIRBAS 1949, 353].
In dem Standardwerk »Geschichte der Steinzeit« des renommierten Ur- und
Frühgeschichtlers MÜLLER-KARPE [1998] wird das Mesolithikum nicht einmal
als eigenständige Kulturepoche angeführt. Noch weiter geht der Historiker
GUNNAR HEINSOHN, der an ILLIG [1988, 150] anknüpfend, ›mesolithische‹ Kulturschichten einer stratigraphischen Überprüfung unterzogen hat. Er kommt
zu dem Ergebnis, nicht nur das Mesolithikum als eigenständige Kulturepoche
zu streichen, sondern auch die dieser Kulturepoche zugeordneten, weitgehend
fundleeren Jahrtausende auf wenige Generationen zusammenzukürzen: »Was
zwischen Altsteinzeit und Jungsteinzeit vorgefunden wird, dürfte nicht einmal
Jahrhunderte geschweige denn Jahrtausende gedauert haben. Eine Kennzeich-
nung als gewichtige, eigene Menschheitsperiode verdient diese Phase nicht«
[HEINSOHN 2000, 107]. Diese Auffassung deckt sich mit den hier vorgelegten
waldgeschichtlichen Befunden, zumal die parallel zum Mesolithikum liegenden biostratigraphischen Zonen (Präboreal bis Atlantikum) zeitlich besonders
aufgebläht sind.

4.3.3 Neolithikum, Bronze- und vorrömische Eisenzeit

Ein tiefgreifender Einfluss des Menschen auf die Waldgeschichte begann mit
der Ausbreitung neolithischer Bauernkulturen (~6.000 bis 3.500 BP). Kennzeichnend für die ›neolithische Revolution‹, d. h. für den Übergang vom
Sammler- und Wildbeutertum zur bäuerlichen Wirtschaft sind die sesshafte,
mit Getreideanbau und Waldweidewirtschaft verbundene Lebensweise und
die verstärkte Rodungstätigkeit. Nach herrschender Lehrmeinung haben sich
diese Kulturen in Mitteleuropa im späten Atlantikum und Subboreal sukzessive von Südosten her ausgebreitet und das Waldland durch Axt- und Brandrodung mehr und mehr mit Rodungsinseln durchsetzt (vgl. **Abb. 4.10**). Die
amerikanischen Ozeanographen WALTER PITMAN und WILLIAM RYAN haben in
ihrem Buch »Sintflut – Ein Rätsel wird entschlüsselt« [1999] eine Vielzahl
von Indizien dafür vorgelegt, dass es sich bei den Neolithikern um flüchtende
Ackerbauern handelte, die zuvor am Nordrand des Schwarzen Meeres sess-
haft waren. Diese Ackerbauern sollen durch katastrophale Überschwemmungen, die durch den Einbruch von Salzwassermassen aus dem Mittelmeer in

Abb. 4.11: Anteil des Pollens krautiger Pflanzen (›Nichtbaumpollen‹) am Gesamtpollenniederschlag vom Neolithikum bis zum Mittelalter in drei süddeutschen Pollenprofilen als Maß für die menschliche Beeinflussung der Landschaft. Punktierte Flächen: natürliche Anteile von Nichtbaumpollen; Schwarze Flächen: anthropogen erzeugte Anteile [aus KÖRBER-GROHNE 1979, 34].

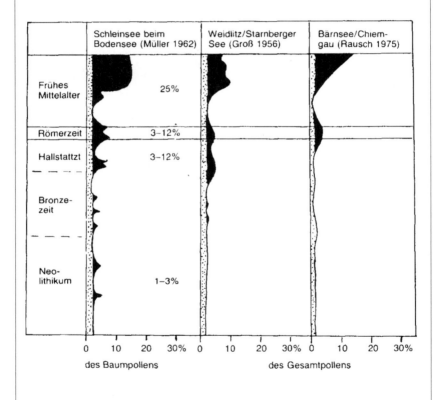

das tiefer gelegene Schwarze Binnenmeer ausgelöst wurden, aus ihren Altsiedelgebieten vertrieben worden sein. Abweichend von der konventionellen Auffassung gehen sie davon aus, dass sich die Siedler nicht sukzessive, sondern explosionsartig in einer Art Masseninvasion ausgehend von ihren überschwemmten Altsiedelgebieten an der Küste des Schwarzen Meeres bis nach Frankreich ausgebreitet haben.

In der Bronze- und vorrömischen Eisenzeit (~3.500 BP bis Zeitenwende) hat sich der mit der neolithischen Revolution beginnende Trend zur Auflichtung der Wälder durch Rodung, Waldweide und Ackerbau fortgesetzt. Dies lässt sich mit wachsenden Bevölkerungszahlen, dem zunehmenden Einsatz von Geräten aus Metall bei der Landnutzung und der beginnenden Holzkohlegewinnung für die Eisenverhüttung erklären. Hinsichtlich des tatsächlichen Umfangs des in der Bronze- und Eisenzeit hinzugewonnenen Siedlungsraumes weichen die Auffassungen voneinander ab. ELLENBERG [1996, 84] vertritt hier die Ansicht, dass sich während der Bronze- und Eisenzeit der waldfrei gehaltene Siedlungsraum nicht sehr beträchtlich vergrößert hat, sondern nur hier und dort auf schwere Böden übergriff. KÖRBER-GROHNE [1979, 70f] geht demgegenüber zumindest für Süddeutschland davon aus, dass die ersten »kräftig bleibenden Spuren« bezüglich der Erweiterung von Freiflächen zu Beginn der vorrömischen Eisenzeit entstanden seien (vgl. **Abb. 4.11**). Diese Einschätzung stimmt mit pollenanalytischen Befunden aus Norddeutschland überein. Die Befunde zeigen, dass an der Wende von der Bronze- zur Eisenzeit der Übergang von der ›wilden‹ Wald-Feldwirtschaft mit lockeren Streusiedlungen zu geschlossenen Dorfschaften mit permanenten Kulturflächen liegt [vgl. OVERBECK 1975, 486f, 511ff.]. Bezüglich der Spekulationen über die Änderung des Wirtschafts- und Kulturgefüges an der Wende von der Bronze- und Eisenzeit ist allerdings zu bemängeln, dass selten die gravierenden Umweltveränderungen (Klimaverschlechterung zu Beginn des Subatlantikums) in die Überlegungen mit einbezogen werden [vgl. hierzu auch SMOLLA 1954, 173].

Die Schätzungen für das Ausmaß der neolithischen Rodungen in Mitteleuropa schwanken je nach Gebiet zwischen zwei und zehn Prozent der Waldfläche [vgl. GLIEMEROTH 1995, 154]. In Pollendiagrammen spiegeln sich Rodungen und Auflichtungen der Wälder in einem zunehmenden Auftreten von Getreide-, Gräser- und Unkrautpollen sowie sinkenden Gehölzpollenwerten wider. Als weiterer Hinweis für die anthropogene Beeinflussung der Wälder

gelten die erstmals seit dem Boreal wieder stärker steigenden Werte der lichtbedürftigen Hasel. Diese Haselmaxima werden im Unterschied zu natürlich
verursachten Zunahmen der Hasel als »sekundäre Haselgipfel« bezeichnet.
Darüber hinaus werden vor allem in der jüngeren quartärbotanischen Literatur auch Zusammenhänge zwischen der prähistorischen Landnahme und dem
Rückgang der Ulmen (*Ulmus spec.*) sowie dem Vordringen der Buche (*Fagus
sylvatica*) vermutet. Während solche Zusammenhänge für die Erklärung der
sekundären Haselgipfel im Neolithikum durchaus plausibel und durch pollenanalytische Befunde gut belegt sind [vgl. z. B. FIRBAS 1949, 165], erscheint
mir ein gravierenden Einfluss des prähistorischen Menschen auf die Ulmen
und die Buche eher unwahrscheinlich.

5. Auflösung von Rätseln und Verwunderungen der spät- und postglazialen Waldgeschichte

Im Folgenden wird am Beispiel des Ulmenrückgangs und des Vordringens der Buche verdeutlicht, dass die aktualistischen Theorien und Zeitvorstellungen verhafteten Quartärbotaniker immer dann Zusammenhänge zwischen den prähistorischen Menschen und dem Ausbreitungsverhalten eines Gehölzes konstruieren, wenn sie keine schlüssigen ›natürlichen‹ Erklärungen für ein waldgeschichtliches Phänomen finden, das Anlass zur Verwunderung gibt. Abschließend soll dann an einer Reihe weiterer waldgeschichtlicher Rätsel gezeigt werden, wie sich diese vor dem Hintergrund chronologiekritischer Vorstellungen auflösen lassen.

5.1 Der plötzliche Rückgang der Ulmen zu Beginn des Subboreals

In vielen Pollendiagrammen ist um etwa 5.000 BP ein auffälliger Rückgang der Ulmenpollen festzustellen. Über die Ursachen dieses sogenannten ›Ulmenabfalls‹ (oder kurz ›Ulmenfall‹) wird seit Jahrzehnten diskutiert, ohne eine überzeugende Erklärung zu finden. Der Ulmenfall soll nach konventioneller Auffassung einige Jahrtausende nach der Ausbreitung der Ulme einsetzen. Er ist so markant, dass er nach OVERBECK [1975, 476] in Pollendiagrammen als ein allgemeines Merkmal zur Grenzziehung zwischen Atlantikum und Subboreal dient. Auch von SCHÜTRUMPF [1971, 12] wird betont, dass der Ulmenabfall für ganz Mitteleuropa ein »überregionaler synchroner Leithorizont« ist. Diese biostratigraphische Bedeutung des Ulmenrückganges wird neuerdings von KÜSTER [1988, 84ff.] bezweifelt. Er vertritt die Auffassung, dass es zwischen Süd- und Norddeutschland eine zeitliche Verzögerung des Ulmenfalls von über 1.000 Jahren gegeben habe, und stützt sich dabei auf eine Vielzahl von C14-Datierungen. Nach meiner Einschätzung handelt es sich hierbei aber um ein weiteres Beispiel für die Verwischung eines biostratigraphisch ausgeprägten Ereignisses durch streuende Messwerte aus Radiokarbondatierungen (vgl. hierzu Kap. 3.4).

Für den Ulmenfall wurden in der älteren vegetationsgeschichtlichen Literatur ähnlich wie für die anderen waldgeschichtlichen Ereignisse des Spät- und Postglazials klimatische, die Bodenentwicklung betreffende, konkurrenzbedingte und untergeordnet auch anthropogene Ursachen diskutiert, ohne eine zufriedenstellende Erklärung zu finden [vgl. z. B. FIRBAS 1949, 175]. Erst in den letzten Jahrzehnten konzentriert sich die Diskussion – dem allgemeinen Trend folgend, den Menschen für alle möglichen naturgeschichtlichen Ereignisse verantwortlich zu machen – auf eine anthropogene Verursachung des Ulmenfalls. An ältere Hypothesen über die Verursachung des Ulmenrückganges durch frühneolitische Bauernkulturen anknüpfend, wird zunehmend die Auffassung vertreten, dass der seit der neolithischen Revolution in größerer Zahl vorhandene und mit neuer Wirtschaftsweise agierende Mensch die Ulmen durch die Gewinnung von Laubheu (›Ulmenschneiteln‹) als Viehfutter geschwächt hat [vgl. z. B. OVERBECK 1975, 476ff.; SCHWAAR 1988, 35; KÜSTER 1988, 87 sowie 1995, 106f; POTT 2000, 61]. Zumindest für OVERBECK [1975, 477], der noch alle Faktoren ausführlich diskutierte, schien diese Hypothese allerdings noch so wenig überzeugend zu sein, dass er schon zu Beginn seiner Ausführungen zu diesem Thema Zweifel an der anthropogenen Verursachung des Ulmenrückganges äußerte:»Gewiss mag es zunächst wenig einleuchten, dass ein primitives Steinzeitvolk es fertiggebracht haben soll, zum Zwecke der Futtergewinnung die blühfähigen Ulmen im Mischwald in kurzer Zeit über ein weites Gebiet derart zu reduzieren, wie es aus den Pollendiagrammen erschlossen werden müsste«.

Die von OVERBECK angeführten Zweifel an der anthropogenen Verursachung des Ulmenfalls werden noch dadurch verstärkt, dass der Ulmenrückgang nicht nur in den fruchtbaren Altsiedelgebieten, sondern auch in un- oder wenig besiedelten Gebieten zu beobachten ist. Besonders ausgeprägt ist er sogar in den Mittelgebirgen, die an der Wende vom Atlantikum zum Subboreal nachweislich unbesiedelt gewesen sind [SCHÜTRUMPF & SCHMIDT 1977, 30]. Darüber hinaus wurden seit dem Neolithikum auch andere Gehölze, bei denen zum Zeitpunkt des Ulmenfalls noch kein einschneidender Rückgang festzustellen ist, zur Futterlaubgewinnung genutzt [vgl. BONN & POSCHLOD 1998, 225]. Explizit angeführt sei hier die Esche (*Fraxinus excelsior*), deren lateinischer Gattungsname (*Fraxinus*) sich sogar von der Laubnutzung ableitet: frangere = brechen. Um die These von der anthropogenen Verursachung des Ulmenfalls aufrecht erhalten zu können, vermutet KÜSTER [1995, 106f], dass den Ulmen im Gegensatz zur Esche das Abschneiden von belaubten Ästen schade. Tatsächlich scheinen die Ulmen von allen zur Futterlaubgewinnung genutzten Bäume am sensibelsten auf das Schneiteln (›Kappen‹) zu reagieren [KUBITZ 2000, 70]. Hier ist aber zu berücksichtigen, dass die Ulme über eine gute Stockausschlagfähigkeit verfügt [MAY 1993, 166]. Diese hätte ihr bei der geringen Konstanz und Dichte der Siedlungen im Neolithikum sicherlich ermöglicht, sich nach einer Übernutzung kurzfristig zu regenerieren. Der zu Beginn des Neolithikums zunehmende anthropogene Einfluss hat daher wohl kaum zum Ausfall ganzer Bestände der Ulmen geführt und kann daher auch nicht für den Ulmenfall verantwortlich gemacht werden.

Wie geht OVERBECK nun mit seinen Zweifeln an der anthropogenen Verursachung des Ulmenfalls um? Geradezu kennzeichnend für die quartärbotanische Theoriebildung löst er sein Problem, indem er zur Erklärung nicht mehr eine Hauptursache, sondern »mehrere zeitlich ungefähr zusammenfallende Umstände« [1975, 477] in Betracht zieht. Explizit weist Overbeck darauf hin, dass sich subboreale Trockenphasen besonders nachteilig auf das gegen Trockenheit empfindliche, horizontale Wurzelsystem der Ulme ausgewirkt haben könnten. Ferner diskutiert er einen »klimatisch geförderten« möglichen Einfluss der sogenannten Ulmenkrankheit, die durch den Pilz *Ceratocystis ulmi* hervorgerufen wird. Diese Krankheit hat im 19. und 20. Jahrhundert massenhaft Ulmen in Straßen und Anlagen zum Absterben gebracht. Auch KÜSTER [1995, 106 sowie 2000, 93] macht für den Ulmenfall epidemische Ursachen mitverantwortlich. Abweichend von OVERBECK soll der Erreger allerdings nicht klimatisch, sondern durch die von der Schneitelnutzung bereits geschwächten Ulmen gefördert worden sein. Nach meiner Auffassung sind solche vagen kumulativen Ursachenkomplexe für die Erklärung eines großräumig auftretenden Ereignisses wenig überzeugend, zumal Zweifel bestehen, ob überhaupt einer der vorgenannten Faktoren einen Beitrag zum Ulmenrückgang um 5.000 BP geleistet hat.

Die von OVERBECK erwähnten subborealen Trockenphasen sind eine wenig geeignete Erklärung, weil sich die Ulme in Mitteleuropa während der borealen Trockenphase kräftig ausgebreitet hat. Zudem ist die Ulme eine wärmeliebende Baumart. Wenn die Ulme also zurückgeht, ist daher eher mit einer Verschlechterung von vorher optimaleren Klimabedingungen für die Ulme zu rechnen [vgl. SCHÜTRUMPF & SCHMIDT 1977, 30]. Auch FIRBAS [1949, 175] sieht abweichend von OVERBECK die Ursache für den Ulmenrückgang eher in einer Zunahme der Feuchtigkeit oder einem Rückgang der Sommerwärme. Der spekulative Charakter der Ursachensuche wird besonders deutlich, wenn ohne hinreichende Belege eine sich epidemisch ausbreitende Krankheit für den Ulmenrückgang verantwortlich gemacht wird. So weist POTT [2000, 60]

Abb. 5.1: Pollenkurven von Ulme (*Ulmus*) und Tanne (*Abies alba*) aus drei Mooren am Auerberg in Südbayern. Die Zunahme der Tannen geht zu Lasten der Ulmen. Da die Tanne eine Schatt- holzart ist, ist offensichtlich der Faktor natürliche Sukzession für den Rückgang der Ulmen verantwortlich [aus KÜSTER 1988, 56].

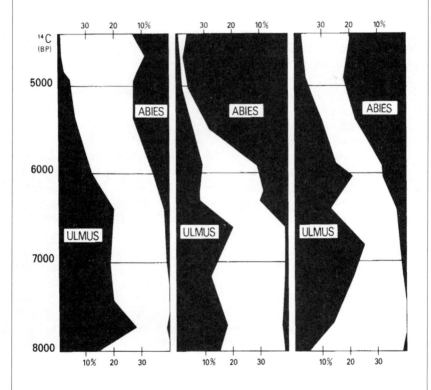

darauf hin, dass man Überreste des Großen Ulmensplintkäfers (*Scotylus sco-tylus*), der für die Übertragung der Pilzsporen verantwortlich gemacht wird, genau in jenen mitteleuropäischen Moorablagerungen gefunden hat, in denen auch über die Pollenanalyse markierte Rückgänge der Ulme nachgewiesen wurden. Nach KUBITZ [2000, 71] konnten Nachweise des pathogenen Pilzes *Ceratocystis ulmi* und seinem Überträger *Scotylus* aus prähistorischer Zeit aber nur in England erbracht werden.

Wie ist nun der Ulmenfall vor dem Hintergrund einer drastischen Verkür-zung der nacheiszeitlichen Waldgeschichte zu beurteilen? Der Ulmenrück-gang könnte bei einer radikal verkürzten Waldgeschichte gut durch den domi-nierenden Faktor »natürliche Sukzession« erklärt werden. Dieser Faktor wird zwar auch von den etablierten Vegetationsgeschichtlern immer wieder als Ur-sache für den Ulmenfall diskutiert; wegen der langen nacheiszeitlichen Wald-geschichte allerdings nur in Kombination mit anthropogenen, epidemischen oder das Einwanderungsverhalten betreffenden Einflussfaktoren. So ist in ei-nem natürlichem Eichenmischwald nach einigen hundert Jahren eine verstärk-te Dominanz der Eiche zu Lasten der Ulme (und auch anderer Bäume des Ei-chenmischwaldes) zu erwarten (vgl. **Abb. 2.2**). Der Konkurrenzvorteil der Ei-che besteht dabei maßgeblich in ihrem außergewöhnlich großen Beharrungs-vermögen, über das sie wegen ihrer extrem hohen maximalen Lebensdauer verfügt [LEUSCHNER 1994, 304]. Im weiteren Verlauf der Sukzession sind dann die den Eichenmischwald insgesamt verdrängenden Schatthölzer Buche und/oder Tanne für das fortschreitende Zurücktreten der Ulmen verantwort-lich. Da sich die Buche im Süden früher als im Norden ausgebreitet hat, wur-den die Ulmen in Süddeutschland vielerorts direkt von der Buche (und der sich nur in der montanen Stufe Süddeutschlands ausbreitenden Tanne) ver-drängt (vgl. **Abb. 5.1** u. **5.2**). Da der Rückgang der wärmeliebenden Ulme im Unterschied zu anderen Bäumen des Eichenmischwaldes besonders markant ausfällt, ist zu vermuten, dass der Prozess durch eine überregional auftretende Klimaverschlechterung beschleunigt worden ist. Demgegenüber scheint si-cher zu sein, dass die neuerdings so häufig bemühten anthropogenen Faktoren für den Ulmenrückgang bedeutungslos sind.

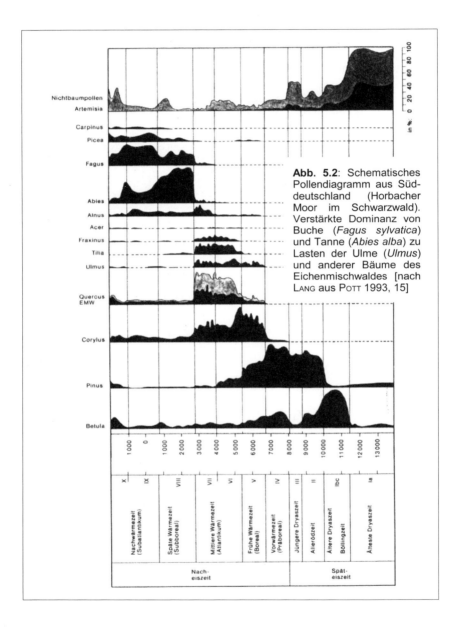

Abb. 5.2: Schematisches Pollendiagramm aus Süddeutschland (Horbacher Moor im Schwarzwald). Verstärkte Dominanz von Buche (*Fagus sylvatica*) und Tanne (*Abies alba*) zu Lasten der Ulme (*Ulmus*) und anderer Bäume des Eichenmischwaldes [nach LANG aus POTT 1993, 15]

5.2 Das späte Vordringen der Buche im Subboreal und Subatlantikum

Im Unterschied zu den Bäumen des Eichenmischwaldes, die sich in Mitteleuropa schon im Boreal und Atlantikum kräftig ausgebreitet haben, fällt die Ausbreitungszeit der Buche in das Subboreal. Und erst im Subatlantikum wird die Buche in weiten Teilen Mitteleuropas zur beherrschenden Baumart. Diese gegenüber den Bäumen des Eichenmischwaldes um mehrere tausend Jahre verspätete Ausbreitung der Buche hat in der quartärbotanischen Literatur viel Anlass zur Spekulation gegeben, weil die Buche (*Fagus sylvatica*) unter heutigen Bedingungen auf den meisten Standorten erheblich konkurrenzkräftiger als die Bäume des Eichenmischwaldes ist. Man kann die Verspätung der Buche sogar als eines der zentralen Geheimnisse der Quartärbotanik bezeichnen. In den Kapiteln 4.2 – 4.5 sind bereits die Faktoren Wegestrecke aus den Refugialgebieten, Wandergeschwindigkeit, Bodenentwicklung, Konkurrenzverhalten und Klimaveränderungen, die üblicherweise für das unterschiedliche Einwanderungs- und Ausbreitungsverhalten der Gehölze verantwortlich gemacht werden, einer gründlichen Analyse unterzogen worden. Es wurde am Beispiel der Buche gezeigt, dass mit diesen Faktoren das zögerliche Einwanderungs- und insbesondere Ausbreitungsverhalten vieler Gehölze nicht plausibel erklärt werden kann. Im Folgenden soll nun erörtert werden, ob der neuerdings als letztmöglicher ›Rettungsversuch‹ so bemühte Faktor Mensch oder ob eine zeitlich zusammengestutzte nacheiszeitliche Waldgeschichte mehr Licht in das rätselhafte Einwanderungs- und Ausbreitungsverhalten der Buche bringt.

Verschiedene Autoren vertreten neuerdings die Auffassung, dass der Mensch eine maßgebliche Rolle bei der Ausbreitung der Buche gespielt hat. Diese Auffassung gründet sich auf Ausbreitungskarten des Ackerbaus, die Parallelen zur Ausbreitung der Buche zeigen und Pollendiagrammen, in denen Buchenpollen und Siedlungszeiger (Getreidepollen oder Brandschichten) in der gleichen Pollenzone vorhanden sind. So vermutet LANG [1994, 162] eine enge Verknüpfung zwischen der neolithischen Landnahme und der Buchenausbreitung, weil »im räumlichen und zeitlichen Wanderungsablauf der Rotbuche auffallende Übereinstimmung mit dem Vordringen der neolitischen Kulturen in Europa besteht«. KÜSTER [1995, 82] bezweifelt sogar, dass die Buche überhaupt in der Lage ist, sich ohne Siedeltätigkeit der Menschen auszubreiten: »Wer meint, Buchenwälder seien natürlich, bedenkt nicht, dass dieser Baum wohl nur als Folge kultureller Umgestaltung in der Landschaft zur ›Natur‹ Mitteleuropas wurde«. Auch FRENZEL [1977, 298] macht die Rodungstätigkeit des Menschen für die um bis zu 1.800 Jahre verzögerte Ausbreitung der Buche im Hunsrück gegenüber der westlichen Eifel verantwortlich, weil klimatische Unterschiede wegen der geringen Entfernung der Gebirge als Ursache für die Verzögerung nicht in Frage kämen. Dies setzt voraus, dass die benachbarten Gebirge erst im Abstand von 1.800 Jahren besiedelt wurden. Dies ist aber wegen der räumlichen Nähe von Hunsrück und Eifel so unwahrscheinlich, dass es sich hierbei wohl nur um ein weiteres Beispiel für ein radiokarbonverursachtes ›Datierungsdesaster‹ handeln kann. Festzuhalten bleibt, dass alle vorgenannten Autoren davon ausgehen, dass die Buche sich nicht spontan, sondern erst sekundär in den aufgelassenen Rodungsinseln der Neolithiker gegenüber dem Eichenmischwald durchsetzen konnte.

Mit der Theorie von der ursächlichen Kopplung der Buchenausbreitung an die im Neolithikum beginnende Landnahme versuchen die Quartärbotaniker zwei Probleme gleichzeitig zu lösen: Erstens, warum die Buche erst so spät eingewandert ist und zweitens, warum sie sich erst mehrere Jahrtausende nach ihrer Einwanderung so dominant gegen den Eichenmischwald durchsetzen konnte. An dieser Theorie ist unbestritten, dass die Buche sich erst sehr spät und ungefähr parallel mit der neolithischen Landnahme ausgebreitet hat. Die Betonung liegt hier allerdings auf ›ungefähr‹, denn die eigentliche Massenausbreitung der Buche beginnt in Süddeutschland erst im Spätneolithikum und in Norddeutschland erst in der Bronze- und Eisenzeit (vgl. **Abb. 5.3**). Unbestritten ist auch, dass im Neolithikum eine große Zahl von Flächen gerodet wurde, zumal häufig zunächst besiedelte Flächen später wieder aufgegeben wurden. Ein Grund dafür könnte sein, dass bei Brandrodungen versehentlich größere Flächen gerodet als später zum Getreideanbau benutzt wurden. Weiterhin wird eine Art »Wanderfeldbau« (wilde Wald-Feldwirtschaft) für wahrscheinlich gehalten. Dies spiegelt sich in entsprechenden Pollendiagrammen wider. Sie zeigen neben Rodungen, die durch erhöhte Nichtbaumpollenwerte oder Brandschichten gekennzeichnet sind, auch Regenerationsstadien gerodeter Flächen, die an absinkenden Nichtbaumpollenwerten und ansteigenden Gehölzpollenwerten erkennbar sind.

Aus dem pollenanalytischen Nachweis der zeitlichen Parallelität der Buchenausbreitung mit der neolithischen Landnahme lässt sich jedoch keineswegs ableiten, dass auch ein ursächlicher Zusammenhang zwischen diesen beiden Phänomenen besteht. Die These von der anthropogenen Förderung der Buche greift nämlich zu kurz, wenn sie die pollenanalytische Befunde nicht vor dem Hintergrund der ökologischen Eigenschaften der Buche überprüft. Hierzu ist zunächst festzustellen, dass die Buche im Unterschied zu den dickborkigen Bäumen des Eichenmischwaldes eine dünne Rinde hat, die sehr empfindlich auf Tierfraß und Brände reagiert [ELLENBERG 1996, 150]. Zudem verfügt die Buche über eine geringe Befähigung zum Stockausschlag. Neolithische Brandrodung und Viehwirtschaft haben sich daher wohl eher hemmend auf die Buche ausgewirkt. Beispiele für Buchenrückgänge durch neolithische Rodungstätigkeit werden bei FIRBAS [1949, 364] angeführt. Hinzu kommt, dass Buchenwälder wegen ihres mangelnden Graswuchses, ungeeigneten Laubheus und ihrer unzuverlässigen Bucheckern-Masterträge zur Waldweide weniger gut als Eichenmischwälder geeignet sind. Eichenmischwälder zeichnen sich nämlich durch guten Graswuchs, geeignetes Laubheu und eine häufige und ausgiebige Eichelmast aus [FIRBAS 1949, 356]. Aus den vorgenannten ökologischen Besonderheiten der Buche folgt, dass sie durch den prähistorischen Menschen eher verdrängt als gefördert wurde, während die Eiche und die lichtbedürftigen Pioniergehölze (wie z. B. die Hasel) vermutlich schon früh von der Brandrodung und der Hainbauernwirtschaft profitierten [vgl. auch POTT 1997, 17].

Als weiterer möglicher Zusammenhang zwischen der neolithischen Landnahme und der Zunahme der Buche ist nun zu prüfen, ob die Buche durch das Brachfallen von Nutz- und Siedlungsflächen gefördert wird. Hierzu ist festzustellen, dass aufgrund der Ökologie der Buche als Schattengehölz eine erfolgreiche Erstbesiedlung aufgelassener Freiflächen durch die Buche äußerst unwahrscheinlich ist. Ein solches Erstausbreitungsverhalten der Buche stünde auch im Widerspruch zu den umfangreichen waldbaulichen Erfahrungen bei der naturnahen Bewirtschaftung von Buchen-Mischwäldern: »Auf Freiflächen etabliert sich Buchen-Naturverjüngung selbst in ihrem standörtlichen Optimum nur sehr zögerlich. Spätfröste, Frühjahrstrocknis, Konkurrenzflora und Mäusefraß sorgen hier für erhebliche Hemmnisse, die die Buche in der Konkurrenz zu sonstigen Laubbaumarten, insbesondere den lichtliebenden Pionierbäumen, erheblich zurückfallen lassen. (...) Optimal angepasst ist die Schattbaumart Buche dagegen für die Verjüngung in geschlossenen Wäldern, wo sie gegenüber allen Konkurrenten Vorteile besitzt« [MICHIELS 2000, 88].

Bei der Naturverjüngung der Buche mit dem sogenannten Schemelschlagverfahren werden deshalb auch nur ganz kleine, weitgehend beschattete Löcher ins Altholz geschlagen [BURSCHEL 1979, 219f]. Massiver Auflichtung geschlossener Waldflächen zur Naturverjüngung bedarf nicht, wie KÜSTER [2000, 96] glaubt, die Buche, sondern die Eiche.

Hinzu kommt, dass die Buche – wegen der geringen Reichweite ihrer Samenverbreitung – Lichtungsflächen zumeist auch nicht in der für eine Etablierung erforderlichen Individuendichte erreicht [vgl. MICHIELS 2000, 88]. Nach der Theorie von der anthropogenen Förderung der Buchenausbreitung kann sie ja nicht einmal in der Nachbarschaft solcher aufgelassenen Rodungsflächen vorhanden gewesen sein, weil sich die Buche gemäss dieser Auffassung in den unbewirtschafteten Eichenmischwäldern der Tieflagen nicht von selbst durchsetzen konnte. Von KÜSTER wird dieses Problem zwar nicht explizit formuliert, aber doch wohl erkannt, weil er für die Herkunft der Buchensamen auf den Brachflächen folgende Erklärung anbietet: »Rehe, Hirsche und Hasen brachten in ihrem Fell anheftende Bucheckern aus den Bergen in die lichten Wälder der Lößniederungen mit, wo es mehr Gräser und Kräuter zu fressen gab als anderswo« [1995, 81]. Da Bucheckern über keine Anhaftungsvorrichtungen verfügen, rückt Küsters Hypothese, auch wegen ihrer etwas naiven Formulierung, in verdächtige Nähe zu Problemlösungen, wie man sie sonst eher aus Märchen kennt. Auch POTT [2000, 57], der die These von der anthropogenen Förderung der Buche nur bedingt unterstützt, macht für den »long-distance«-Transport von Bucheckern größere Säugetiere mitverantwortlich. Er vermutet, dass sich die mit Bucheckern gefüllten stacheligen Cupulae (Fruchtbecher) der Buche im Fell von z. B. Bären anheften könnten.

Tatsächlich werden in der einschlägigen Literatur für die Samenverbreitung der Buche nicht die passive Verlagerung durch die von KÜSTER und POTT angeführten Wildtiere, sondern der aktive Transport durch Eichelhäher und Wildtauben sowie Mäuse und Eichhörnchen verantwortlich gemacht [BONN & POSCHLOD 1998, 112; LEUSCHNER 1994, 296]. Die Transportentfernungen betragen dabei vorzugsweise weniger als hundert Meter. Bei Untersuchungen von wildlebenden Großsäugern wurden zudem selbst bei Wildschweinen, die im Unterschied zu Rehen und Hirschen über eine besonders geeignete Fellstruktur zum Samentransport verfügen, fast ausschließlich Samen krautiger Pflanzen gefunden [SCHERF 2000, 191]. Die Verfechter einer anthropogenen Förderung der Buche können somit neben den bereits angeführten ökologi-

schen Schwächen ihrer Theorie keine plausible Lösung für das Problem an-
bieten, wie die Buchensamen in ausreichender Zahl in aufgelassene Rodungsinseln oder Hudewälder gelangen konnten. Die einzige vernünftige Lösung
für dieses Problem wären natürliche Buchenstandorte in deren unmittelbarer
Umgebung. Aber genau solche Standorte werden durch die Theorie von der
anthropogenen Förderung der Buchenausbreitung ausgeschlossen. Welche
Auffassung wird nun in der waldbaulichen und vegetationskundlichen Literatur bezüglich der Ausbreitungsstrategie der Buche vertreten?

Die Buche gilt in der waldbaulichen Literatur als ›aggressivste‹ Laub-
baumart und wird hinsichtlich ihrer Durchsetzungsfähigkeit fast wie ein bio-
logisches Kampfmittel bzw. wucherndes Unkraut beschrieben: »Überall wo
die Buche im Naturwald vorherrschend auftritt, drängt sie zum dichten Hal-
lenschluss. Mit starken biologischen Waffen ausgerüstet, ist sie die unduld-
samste Baumart des Urwaldes. Normalerweise können sich weder Eiche noch
Ulme gegenüber der Buche durchsetzen« [BAUER 1962, 149]. Die Überlegen-
heit der Buche gegenüber anderen Baumarten besteht darin, dass sie im
Schatten anderer Bäume aufwachsen kann, über ein sehr flexibles Höhen-
wachstum verfügt und eine sehr dichte Schattenkrone ausbildet [vgl.
LEUSCHNER 1994, 307]. Das den Boden etwa siebenfach überdeckende Blät-
terdach des Buchenwaldes ist dabei so lichtundurchlässig, dass es nicht nur
die Verjüngung anderer Bäume verhindert, sondern selbst die Verjüngung der
eigenen Art behindern kann [vgl. TÖNNIESSEN 1999, 2]. Zudem ist die Buche
nicht nur über der Erde, sondern auch unter der Erde anderen Bäumen überle-
gen. So haben Untersuchungen gezeigt, dass Buchenwurzeln erheblich leis-
tungsfähiger als Eichenwurzeln sind [vgl. KLÄRNER 2001]. Die Buche besitzt
daher genug Konkurrenzkraft, um sich in Mitteleuropa auch ohne anthropogene Unterstützung auf mittleren Standorten gegen einen vorhandenen Eichenmischwald durchzusetzen (vgl. **Abb. 5.4**). Tatsächlich ist die Rotbuche in
Mitteleuropa aufgrund ihrer enormen Konkurrenzkraft unter natürlichen Verhältnissen auf den meisten Standorten vorherrschend [vgl. POTT 1993, 41].
Von den Vegetationskundlern wird sie deshalb zu Recht als »natürliche Herrscherin in Mitteleuropa« bezeichnet [vgl. ELLENBERG 1996, 149].

Aus dem Vorhergesagtem folgt, dass sich die Quartärbotaniker mit ihrem
Versuch, die mehrtausendjährige Verspätung der Buche durch eine erst
anthropogen ausgelöste Massenausbreitung zu erklären, im völligen Widerspruch zur Ökologie der Buche befinden. Tatsächlich ist die Buche nicht

Abb. 5.3: Nacheiszeitliche Wiederausbreitung der Rotbuche (Fagus sylvatica) in Europa. Bis ~2000 vor der Zeitenwende hatte die Buche den größten Teil Mitteleuropas erreicht. Um Christi Geburt war sie dort fast überall zugegen und in weiten Teilen herrschend. Die Ziffern bedeuten prozentuale Anteile der Rotbuche an den Baumpollen [nach HUNTLEY & BIRKS aus ELLENBERG 1996, 151].

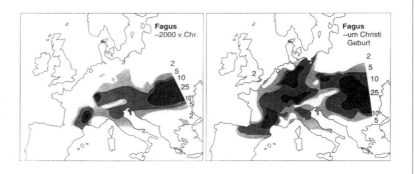

Abb. 5.4: Wahrscheinliche natürliche Holzartenzusammensetzung der submontanen Stufe des westlichen Mitteleuropa in Abhängigkeit von Wasser und Nährstoffhaushalt. Die Größe der Schrift deutet auf den Anteil an der Baumschicht hin. Der durch kleine Kreise eingerahmte Bereich stellt den Standortsbereich mit herrschender Buche (Fagus sylvatica) dar. [nach ELLENBERG aus REMMERT 1989, 103].

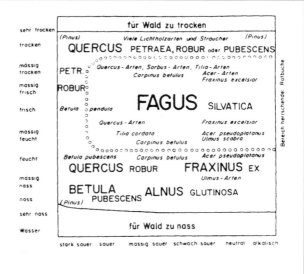

anthropogen gefördert, sondern durch die seit dem Neolithikum zunehmenden Waldnutzungen eher gehemmt bzw. zurückgedrängt worden. Diese Auffassung wird auch von dem Biogeographen TÜRK [1997, 8] vertreten:»Zumindest in den Altsiedellandschaften (...) sprechen viele Untersuchungen dafür, dass die Rotbuche hier niemals bestandsbildend aufgetreten ist. Durch eine insgesamt geringe, aber fortdauernde anthropogene Störung, wie häufige Verlegung von Siedlungsplätzen, Schneitelung der Bäume sowie Waldweide, dürfte die Rotbuche seit dem Mesolithikum (...) an ihrer stärkeren Etablierung gehindert worden sein«. Für diese Auffassung spricht auch, dass die Buche in Zeiten von Siedlungsrückgängen (z. B. am Übergang von der Bronze- zur Eisenzeit oder in der Völkerwanderungszeit) als konkurrenzkräftige Baumart durch die nun unbeeinflusst ablaufende natürliche Sukzession verlorenes Terrain zurückerobern bzw. den zuvor anthropogen gestörten Sukzessionsprozess abschließen konnte. Dies spiegelt sich auch in Pollendiagrammen wider [vgl. z. B. KUBITZ 2000, 71]. Der Faktor Mensch ist somit nicht dazu geeignet, das Rätsel zu lösen, weshalb die Buche so spät eingewandert ist und weshalb es im Holozän zwischen der Einwanderung und der Massenausbreitung der Buche häufig eine zwei- bis dreitausend Jahre dauernde Verzögerung gegeben haben soll.

Wie lässt sich die nach konventioneller Zeitrechnung verzögerte Buchenausbreitung nun vor dem Hintergrund einer drastisch verkürzten Waldgeschichte erklären? Auch hier bietet sich wieder der Faktor »natürliche Sukzession« als Hauptmotor der holozänen Waldentwicklung an. Bei der Massenausbreitung der Buche im Subboreal und Subatlantikum ist grundsätzlich nichts anderes geschehen als in einem Eichenmischwald, in dem die Buche – maßgeblich bedingt durch ihre Konkurrenzkraft – die Vorherrschaft übernimmt und als letztes Glied der natürlichen Sukzession die dominante Schlusswaldgesellschaft bildet (vgl. **Abb. 2.2** u. **5.2**). Diese kaum zu übersehende, überragende Bedeutung des Faktors »natürliche Sukzession« kann von den Quartärbotanikern aber aufgrund der überdehnten Zeitschiene nicht akzeptiert werden, da natürliche Sukzessionen eben nicht Jahrtausende, sondern maximal einige Jahrhunderte Jahre dauern. Dass sich die Massenausbreitung der Buche nach Norden hin verspätet, hat dabei nichts mit der Stoßrichtung der neolithischen Landnahme zu tun, weil sich eine anthropogene Nutzung – wie gezeigt – eher hemmend auf die Ausbreitung der Buche auswirkt. Die Verspätung der Buche auf ihrem Weg nach Norden wird von verschiedenen

Abb. 5.5: Überraschend schnelle nach-eiszeitliche Einwanderung der Hasel (*Corylus avellana*). Große schwarze Punkte mit Zahlen = Konventionelle Radiokarbon-Jahrtausende und -Jahrhunderte der jeweiligen Einwanderungsgrenzen; gestrichelte Linien = Ungefähre Arealsgrenze um 10.000 BP; kleine Punkte = Heutiges Areal; weiße Kreise = Ehemalige Vorkommen nach Großrestfunden außerhalb des heutigen Areals [aus LANG 1994, 156].

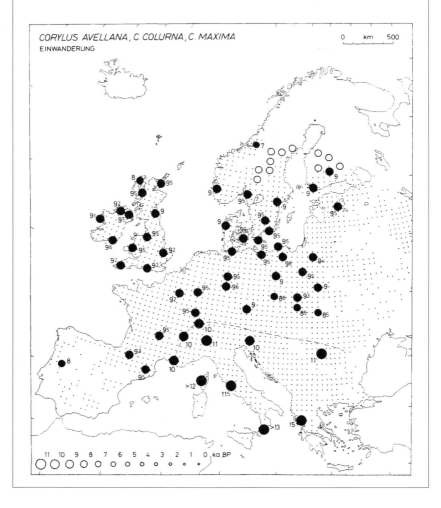

Autoren auch rein klimatisch im Sinne einer im Verlauf des Holozäns von Südost nach Nordwest abnehmenden Winterkälte bzw. zunehmenden Ozeanität interpretiert [vgl. z. B. LANG 1994, 163]. Die Buche mag es nämlich nicht, wenn die Winter allzu kalt sind und mit Spätfrösten zu rechnen ist. Im übrigen deuten neuere Untersuchungen darauf hin, dass sich die Buche in den mehrere hundert Kilometer auseinanderliegenden süd- und norddeutschen Mittelgebirgsregionen nahezu zeitgleich ausgebreitet hat [vgl. POTT 2000, 55f].

5.3 Weitere Beispiele für das rätselhafte Wanderungsverhalten der Gehölze

Bisher wurde gezeigt, dass die nacheiszeitliche Einwanderung und Ausbreitung der Gehölze vor dem Hintergrund der konventionellen Chronologie und Ausbreitungsszenarien viele Rätsel enthält (vgl. insbesondere Kap. 4). Im Folgenden werden weitere Beispiele dafür angeführt, wie solche Rätsel bei einer drastischen Verkürzung der spät- und postglazialen Waldgeschichte sowie katastrophistischen Ausbreitungsszenarien aufgelöst werden können.

Bei den protokratischen Gehölzen, d. h. den relativ ›eiligen‹ Vertretern der holozänen Waldgeschichte, wie Birke und Kiefer liegen die rezent beobachteten Wandergeschwindigkeiten deutlich unter den historisch errechneten. Die Quartärbotaniker versuchen diesen Widerspruch auszuräumen, indem sie bei diesen kälteverträglichen Gehölzen eine breitere Streuung der Glazialrefugien bis in den nördlichen Alpenraum und entsprechend verkürzte Wanderwege vermuten. Vor dem Hintergrund einer verkürzten Zeitschiene wäre sogar denkbar, dass es Birke und Kiefer gelungen ist, auch die kältesten Perioden der letzten Eiszeit in ganz Mitteleuropa zu überdauern. Dies würde auch erklären, weshalb im norddeutschen Tiefland ansässige Rentierjäger bereits im Jungpaläolithikum über Kiefernholz verfügt haben (vgl. Kap 4.2.4). Überhaupt keine plausible Erklärung haben die Quartärbotaniker für das Phänomen, dass es der wärmeliebenden Hasel gelungen ist, den protokratischen Gehölzen mit einer auch nach konventioneller Zeitrechnung »fast unglaublich raschen« [LANG 1994, 158] Wandergeschwindigkeit zu folgen (vgl. **Abb. 5.5**). Dieser wärmeliebende Baumstrauch war im Hochglazial sicherlich nicht in der Lage, zwischen den Vereisungsgebieten zu überdauern, um zu Beginn des Präboreals auf verkürzten Wanderwegen rasch nach Norden vorstoßen zu können. Da die großen und schweren Früchte der Hasel (›Haselnüsse‹) sie zudem nicht gerade für große Verbreitungssprünge prädestinieren, soll ihr rätselhaftes Ausbreitungsverhalten zum Anlass genommen werden, die nacheiszeitlichen Ausbreitungsszenarien der Gehölze grundsätzlich zu überdenken.

In Kapitel 4.3.2 wurde gezeigt, dass die rasante nacheiszeitliche Ausbreitung der Hasel nicht mit einer zufälligen Verschleppung oder planmäßigen Verbreitung der Haselnüsse durch mesolithische Jäger- und Sammlerkulturen plausibel gemacht werden kann. Neben dieser anthropochoren Verbreitung wird in der einschlägigen Literatur noch die hydrochore Verbreitung der schwimmfähigen Haselnüsse durch nordwärts strömende Flüsse und die zoochore Verbreitung der Früchte durch Vögel oder Kleinsäuger diskutiert [vgl. z. B. BONN & POSCHLOD 1998, 110ff.]. Auch bezüglich dieser beiden Ausbreitungsvektoren bestehen Zweifel, ob sie als Ursache für die extrem hohe Wandergeschwindigkeit der Hasel in Frage kommen. So stellt LANG [1994, 158] fest:»Die hydrochore Verbreitung der schwimmfähigen Nüsse durch nordwärts strömende Flüsse scheint zwar eine einleuchtende Erklärung für große Verbreitungssprünge, aber eben doch nur für diejenigen Teile Mitteleuropas, die zur Nord- und Ostsee entwässern, nicht aber für andere Teile und auch nicht für die Britischen Inseln und Fennoskandien«. Eine wesentliche Rolle der hydrochoren Verbreitung findet zudem dort ihre Grenzen, wo sich die Hasel wie z. B. in den Mittelgebirgen entgegen der Fließrichtung der Gewässer ausgebreitet hat. Für die Hasel lassen sich zu Beginn des Holozäns aus einer Wandergeschwindigkeit von bis zu 1.500 m/Jahr und einem Blühreifealter von ca. 10 Jahren mittlere Verbreitungssprünge von 10 - 15 km errechnen. Solche Verbreitungssprünge dürften zwar bei der zoochoren Verbreitung im Bereich des Möglichen liegen, werden aber von FIRBAS [1949, 149] für wenig wahrscheinlich gehalten. Nach seiner Auffassung haben weder Vögel (Eichelhäher, Kleiber) noch Kleinsäuger (Wühlmäuse, Eichhörnchen) eine besonders große Rolle bei der nacheiszeitlichen Massenausbreitung der Hasel gespielt.

Welche anderen Ausbreitungsszenarien sind nun denkbar, um die unglaublich rasche nacheiszeitliche Ausbreitung der Hasel zu erklären? Um diese Frage zu beantworten, sei daran erinnert, dass die potenzielle Wandergeschwindigkeit eines Gehölzes neben dem weitgehend genetisch fixierten, also wenig veränderlichen Blühreifealter im wesentlichen von Verbreitungsmöglichkeiten der Samen durch Wasser und Wind abhängt. Geht man hier von extremeren Verbreitungsszenarien aus, als in der konventionellen vegetationsgeschichtlichen Literatur derzeit in Erwägung gezogen werden, dann sind erheblich größere Verbreitungssprünge und damit höhere Wandergeschwindigkeiten möglich, als derzeit beobachtet werden. Konkret ist hier an eine Samenverbreitung durch gewaltige Flutwellen (z. B. ausgelöst durch Schmelzwässer oder Erdbeben) oder orkanartige Stürme (z. B. ausgelöst durch abrupte Verschiebungen von Klimazonen) zu denken. Solche Ausbreitungsszenarien werden im übrigen auch durch die Theorie kosmischer Katastrophen in der jüngeren erdgeschichtlichen Vergangenheit unterstützt, die von dem Neokatastrophisten IMMANUEL VELIKOVSKY entwickelt wurde (siehe Kap. 7. 2 im Anhang). Berücksichtigt man ferner, dass in jüngster Zeit auch in der orthodoxen naturgeschichtlichen Literatur ein katastrophisches Ende der letzten Eiszeit immer häufiger diskutiert wird [vgl. z. B. PIELOU 1991 oder BERGER 1991], so gewinnen die in dieser Untersuchung favorisierten katastrophistischen Verbreitungsszenarien erheblich an Plausibilität.

Es ist sogar davon auszugehen, dass gewaltige Naturkatastrophen als Begleiterscheinung des sowohl klimatisch wie geologisch und tektonisch ausgesprochen unruhigen Endes der Eiszeit geradezu typisch gewesen sind. Der Schweizer Gletscherforscher RÖTHLISBERGER [1986, 314] spricht in diesem Zusammenhang von einem spätglazialen »Großereignis«, das »globale Auswirkungen« hatte. Damit rückt er in ›verdächtige‹ Nähe zu VELIKOVSKYS Vorstellungen, der bereits vor über fünfzig Jahren Indizien für ein katastrophisches Ende der letzten Eiszeit vorgelegt hatte. Bei den aktualistisch eingestellten Quartärbotanikern stoßen solche Vorstellungen auf wenig Gegenliebe, zumal aufgrund des in historischer Zeit relativ stabilen Klimas katastrophische Verbreitungsszenarien selten zu beobachten sind. Auch einem mir bekannten Vegetationskundler erschien die Vorstellung von ›Mesolithikern‹, die sich bei Orkanen vor durch die Luft fliegenden Haselnüssen in acht nehmen mussten, reichlich abstrus. Ich konnte ihm meine Überlegungen erst plausibler machen, als die »Welt am Sonntag« vom 27.09.98 einen Bericht über den amerikanischen Hurrikan »George« mit dem Titel »Kokosnüsse werden zu Kanonenkugeln« überschrieb! Solche Verbreitungsszenarien würden es den Vegetationsgeschichtlern zudem ermöglichen, auf höchst unrealistische, anthropogene Verschleppungsvorgänge von ausbreitungsrelevanter Größenordnung während des Frühholozäns zu verzichten.

Durch die Berücksichtigung katastrophischer Verbreitungsmechanismen sind im übrigen noch weitere waldgeschichtliche Rätsel lösbar. Eines dieser

Abb. 5.6: Neueres Modell der Samenverbreitung. Die Samenverbreitung wird hier als ein Modell betrachtet, dass auf unterschiedlichen Skalen operiert, nämlich der deterministischen Kurzdistanz- und der zufälligen Langdistanzverbreitung [aus Lɪsᴄʜᴋᴇ et al. 1999, 14].

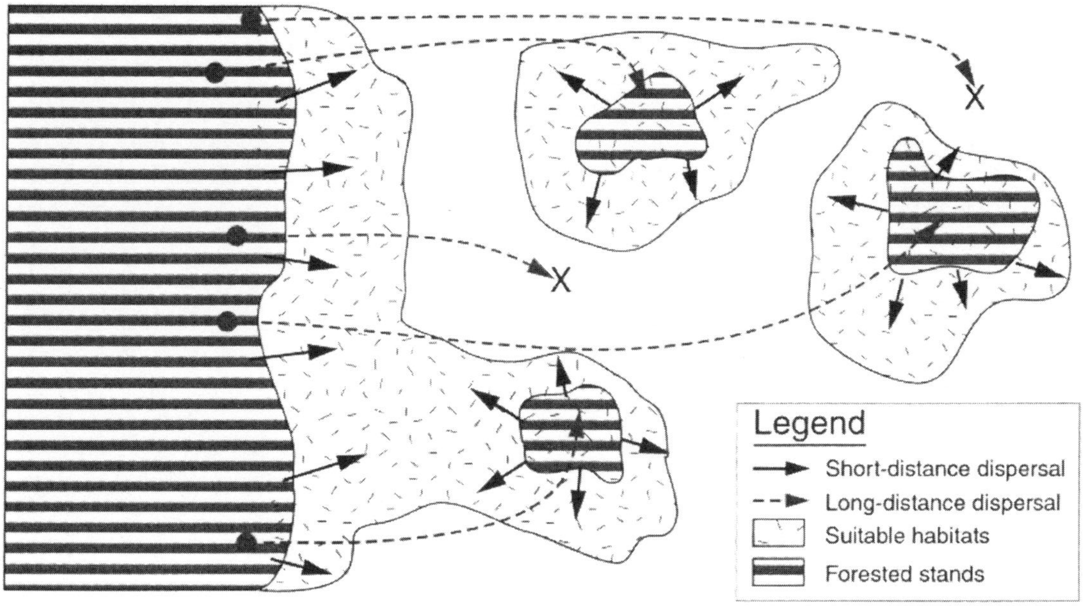

Rätsel ist der wärmeliebende Buchsbaum (*Buxus sempevirens*), der zu den wenigen tertiären Florenelementen gehört, die durch die tiefgreifenden Auswirkungen der Eiszeit in Mitteleuropa nicht vollständig erloschen sind. Die Kaltzeiten soll er in südeuropäischen Refugialgebieten überlebt haben, von denen er dann zu Beginn der Warmzeiten wieder nach Mitteleuropa einwanderte. Durch Pollenfunde ist aber belegt, dass der Buchsbaum in der Nacheiszeit sein Areal nicht langsam nach Norden erweiterte, sondern dass er an weiter nördlich gelegenen und lokalklimatisch begünstigten Stellen früher als an weiter südlich gelegenen Stellen aufgetreten ist [vgl. WEGMÜLLER 1984, 333f]. Ebenso unverstanden wie bemerkenswert ist ein Pollenfund des Buchsbaumes rund 300 km nördlich der heutigen Arealgrenze in Nordengland [vgl. LANG 1994, 165]. Auch diese Phänomene ließen sich besser durch extremere Ausbreitungsszenarien mit großen Verbreitungssprüngen erklären. Sie unterstützen zudem RUDOLPHS Auffassung, dass die Gehölze bereits früh an lokalklimatisch begünstigten Orten weit jenseits der eigentlichen Ausbreitungsfront eingewandert sein könnten.

Auch von anderen Bäumen wie z. B. der Buche, Pappel und der Kiefer sind riesige Verbreitungssprünge von bis zu 450 km (!) beschrieben worden [DELCOURT & DELCOURT 1991, 25ff.]. Um solche riesigen Verbreitungssprünge erklärbar zu machen, haben die Quartärbotaniker ein neues, etwas abgewandeltes Modell für die Ausbreitung von Gehölzen entwickelt. So geht man neuerdings davon aus, dass sich vor der normalen, d. h. relativ kontinuierlich fortschreitenden Ausbreitungsfront eines Gehölzes weit vorgerückte Kolonien befinden können [vgl. z. B. WEBB 1986, 367ff.; DAVIS & SUGITA, 1996, 190f; DIERSSEN 1996, 68f; LISCHKE et al. 1999, 14f]. Die Existenz dieser vorgerückten Kolonien wird damit erklärt, dass es neben einem deterministischen »short-distance dispersal« auch einen zufälligen »long-distance dispersal« gibt (vgl. **Abb. 5.6**). Die vom Zufall gesteuerten »long-distance dispersals« oder »jump dispersals« werden in der deutschsprachigen Literatur als »Zufallssprünge« bezeichnet. Die Ursache solcher Zufallssprünge wird in der long-distance-Verbreitung von Samen entlang von Flusssystemen und Meeresströmungen, auf Eis- und Schneeflächen oder durch Windturbulenzen und Vögel gesehen [vgl. z. B. NATHAN et al. 2002, 409ff.] Mit der Postulierung solcher Zufallssprünge könnte auch besser verstanden werden, warum es der Fichte gelungen ist, die »Fichteninsel Harz« zu besiedeln [vgl. FIRBAS 1949, 207ff.]. Das Wanderungsverhalten der Fichte muss nach der bisherigen Auffassung einer kontinuierlich fortschreitenden Ausbreitungsfront rätselhaft bleiben, weil der Harz etwa 70 km vom nächst gelegenen Verbreitungsgebiet der Fichte entfernt liegt und gegenwärtig nur Verbreitungssprünge von maximal 2 bis 10 km beobachtet werden [vgl. z. B. LANG 1994, 143].

Vor dem Hintergrund einer verkürzten Zeitschiene sollte zudem geprüft werden, ob es verschiedenen Gehölzsamen in einer zeitlich zusammengestutzten Kaltzeitperiode gelungen sein könnte, im Permafrostboden oder in Moränen bis zur nächsten Warmzeit zu überdauern. Auch damit ließe sich das Vorkommen isolierter ›Gehölzinseln‹ erklären, die an lokalklimatisch begünstigten Standorten weit vor der kontinuierlichen Ausbreitungsfront auftreten. In der vegetationsgeschichtlichen Literatur wird die Möglichkeit, dass widerstandsfähige Samen die glazialen Vereisungen überdauert und nach der Erwärmung geeignete Keimbedingungen vorgefunden haben, gelegentlich im Zusammenhang mit der floristischen Wiederbesiedlung Skandinaviens diskutiert [vgl. z. B. DIERSSEN 1996, 54f]. Auch von RUDOLPH [1931, 158] wurde eine allerdings gemäßigte ›Relikt- bzw. Überwinterungshypothese‹ formuliert: Er ging davon aus, dass verschiedene Gehölze nicht erst zu Beginn des Holozäns, sondern bereits in den wärmeren Klimaabschnitten der letzten Kaltzeitperiode ihre Refugialstandorte verlassen und nach Mitteleuropa vorgedrungen sind. Während der auf diese wärmeren Phasen folgenden Klimarückschläge soll es dann einigen Gehölzen gelungen sein, in begünstigten Lagen zu überdauern. Nach dem Ende der Kaltzeit hätten diese Gehölze (bzw. deren Verbreitungseinheiten) dann eine gute Ausgangsposition für die schnelle Wiederbesiedlung Mitteleuropas gehabt. Hier ist ferner darauf hinzuweisen, dass in späteiszeitlichen Pollenprofilen immer wieder Pollen von wärmeliebenden Bäumen des Eichenmischwaldes gefunden werden. Da diese Funde nicht ins vorhandene Schema passen, werden sie gewöhnlich als Umlagerungsprodukt aus älteren Sedimenten gewertet bzw. weginterpretiert [vgl. z. B. SPURK et al. 1999, 37].

Ein weiteres Problem spät- und nacheiszeitlicher Wanderungsvorgänge sind nach FIRBAS [1949, 282] die vielfach nachweisbaren, unvollkommenen Einwanderungen von Gehölzen. Auf solche kann man schließen, wenn die Standortbedingungen zu einem bestimmten Zeitpunkt das Vorkommen einer Gehölzart zwar ermöglicht haben, das Gehölz sich aber offensichtlich geweigert hat, in das betreffende Gebiet einzuwandern. Die Pollenanalytikerin GLIEMEROTH [1995, 73] spricht in diesem Zusammenhang von »stop and go«-Bewegungen, die bei der nacheiszeitlichen Ausbreitung nahezu jeder Baumart zu beobachten sind. Demgegenüber werden in der Gegenwart kaum Hinweise für unvollkommene Einwanderungen solcher Größenordnung gefunden. Ein bekanntes Beispiel für eine unvollkommene Einwanderung sind Buchen und Tannen, die im älteren Atlantikum von der Besiedlung der europäischen Mittelgebirge völlig ausgeschlossen waren und erst Jahrtausende nach Ausbreitung der Eichenmischwälder in diese Gebirge eingedrungen sind und die Eichenmischwälder verdrängen konnten. Ein weiteres Beispiel für eine unvollkommene Einwanderung ist die sehr geringe Verbreitung anspruchsvoller, wärmeliebender Laubhölzer in der Alleröd-Zeit. Für FIRBAS [1949, 288] sind hier klimatische Gründe als Ursache für die unvollständige Einwanderung sind nur schwer vorstellbar. Deshalb versucht er, wenn auch etwas zurückhaltend formuliert, das Problem mittels einer Verkürzung der Zeitschiene zu lösen: »Eine Rückführung des noch völligen Fehlens der wärmeliebenden Laubhölzer auf eine unvollkommene Einwanderung wäre aber auch dadurch verständlich, dass die höhere Wärme der Alleröd-Zeit offenbar nur einen kurzen Zeitraum umspannt hat«. Die Problematik unvollkommener Einwanderungen würde erheblich an Brisanz verlieren, wenn FIRBAS Argumentation nicht nur auf die Alleröd-Zeit, sondern auch auf die nachfolgenden biostratigraphischen Zonen angewandt würde.

6. Zusammenfassung und Ausblick

In der konventionellen Lehre wird die Dauer des Spät- und Postglazials aufgrund der Ergebnisse verschiedener Datierungsmethoden, die allesamt durch Zirkelschlüsse verbunden sind, auf ca. 15.000 Jahre geschätzt. In der von diesem ›Zeitdiktat‹ beherrschten vegetationsgeschichtlichen Literatur wird die nacheiszeitliche Waldentwicklung vor allem als eine Folge von Einwanderungswellen aus den eiszeitlichen Reliktgebieten interpretiert, die durch das Klima, die Wandergeschwindigkeit, die Bodenentwicklung oder – wie in jüngster Zeit zunehmend behauptet wird – durch den Menschen gesteuert werden. Auf diese Einwanderungswellen sollen dann mit oft mehrtausendjähriger Verzögerung Massenausbreitungsvorgänge gefolgt sein. In der vorliegenden Untersuchung wird gezeigt, dass die vorgenannten Faktoren nicht dazu geeignet sind, eine solch lange Dauer der nacheiszeitlichen Waldgeschichte plausibel zu machen. Im Gegenteil, bei einer unbefangenen Betrachtung der vegetationsgeschichtlichen Befunde spricht vieles dafür, den Zeitraum in dem sich die spät- und nacheiszeitliche Wiederbewaldung vollzogen hat, um mehrere Jahrtausende zu kürzen.

In dieser Untersuchung wird die Ausbreitungsgeschichte der Gehölze als eine Folge sich rasch ablösender Massenausbreitungsvorgänge interpretiert. Die auffällige Ähnlichkeit der mitteleuropäischen Grundfolge der nacheiszeitlichen Wiederbewaldung mit der gesetzmäßigen Waldentwicklung auf einer zuvor vegetationsfreien Fläche wird dabei als gewichtiges Indiz dafür bewertet, dass die natürliche Sukzession der dominierende Faktor der mitteleuropäischen Waldgeschichte ist. Dies setzt allerdings voraus, dass bereits zu Beginn des Holozäns die überwiegende Zahl der heute in Mitteleuropa vorhandenen Gehölze auf klimatisch und edaphisch begünstigten Standorten eingewandert war. Als Ursache für schnellere Wanderungsgeschwindigkeiten der Gehölze kommen Zufallssprünge im Zusammenhang mit den zwischenzeitlich bekannt gewordenen gewaltigen klimatischen Umbrüchen am Ende des Eiszeitalters in Frage.

Die Interpretation der nacheiszeitlichen Waldgeschichte als natürliche Sukzession erfordert Kürzungen ihrer Dauer von 50 % und mehr, da Sukzessionen eben keine Jahrtausende, sondern maximal wenige Jahrhunderte dauern. Dies gilt selbst dann, wenn neben dem dominierenden Faktor natürliche Sukzession das Klima, die Wanderungsgeschwindigkeit und die Bodenentwicklung betreffende Faktoren ein gewisser verzögernder Einfluss auf die nacheiszeitliche Wiederbewaldung zugestanden wird. Da es bisher keine zuverlässige Methode für die Datierung von biostratigraphischen Ablagerungen gibt, wird in dieser Untersuchung keine alternative chronostratigraphische Gliederung des Spät- und Postglazials vorgelegt.

Das wesentliche Ziel dieser Untersuchung besteht darin, ohne verschleiernde Zusatzhypothesen auf die Vieldeutigkeit des vegetationsgeschichtlichen Datenmaterials und die Vielzahl der massiven Widersprüche und Ungereimtheiten in den konventionellen Ausbreitungsszenarien hinzuweisen. Ferner wird gezeigt, dass durch eine Verkürzung der nacheiszeitlichen Waldgeschichte viele dieser vegetationsgeschichtlichen Rätsel entfallen könnten. Dem aufmerksamen Leser wird dabei nicht entgangen sein, dass sich auch bei einer radikalen Kürzung der nacheiszeitlichen Waldgeschichte nicht alle vegetationsgeschichtlichen Probleme in Luft auflösen. Dies war nicht anders zu erwarten, weil es einem alternativen Erklärungsmodell auf Anhieb kaum gelingen kann, alle ungelösten Probleme des etablierten Erklärungsmodells rückstandslos zu beseitigen.

Die vorliegende Untersuchung möchte ich mit einem Zitat aus dem mehr als 700 Seiten umfassenden Hauptwerk des Quartärbotanikers FRITZ OVERBECK, dem ›Papst‹ der botanisch-geologischen Moorkunde für Nordwestdeutschland, und einer kurzen Kommentierung schließen: »Während des Präboreals und Boreals hat sich das Vegetationsbild in rascher Folge mehrmals gewaltig verändert. Es lösten einander ab eine Birkenzeit, eine Kiefernzeit, eine Kiefern-Hasel-Zeit, in deren jüngerem Abschnitt Ulme und Eiche bereits einen wesentlichen Anteil am Walde erreichten. Diese im Zeitraum von nur etwa 2000 Jahren abgelaufene Entwicklung steht mit ihrer Dynamik in auffallendem Gegensatz zu dem viel ruhigeren Geschehen während der nächstfolgenden 3.000 Jahre, der Zeit des Atlantikums« [1975, 450].

Nachdem es OVERBECK über Hunderte von Seiten geschafft hat, sich durch eine Abfolge von akribisch-scholastischen Einzelfallbeschreibungen fast jedes Gefühls der Verunsicherung zu enthalten, möchte ich ihm für diese, für seine Verhältnisse außergewöhnlich deutlich formulierte Verwunderung danken und ihm posthum nachrufen: Lasst uns die Verwunderungen ernst nehmen und als erste Konsequenz zunächst das Atlantikum drastisch kürzen. Dies kann jedoch nur der Anfang sein, denn die notwendige Zusammenstauchung der überdehnten nacheiszeitlichen Zeitschiene erfordert auch die Kürzung weiterer pollenstratigraphischer Zonen. Reichlich Kandidaten sind dafür vorhanden. Explizit genannt sei das nach konventioneller Datierung ca. 2.500 Jahre dauernde Subboreal. Keine Frage, auch in der etablierten Quartärbotanik muss die Frage nach der Chronologie wieder mehr in den Mittelpunkt der wissenschaftlichen Diskussion rücken.

7. Anhänge

7.1 Überblick über die Entwicklung naturgeschichtlicher Erklärungsmodelle und chronologiekritischer Ansätze

Für die Naturforscher zu Beginn des 19. Jahrhunderts war es noch keine Selbstverständlichkeit, über einen ausreichenden Vorrat an Zeit für die Erklärung natürlicher Phänomene verfügen zu können. Erst 1830 war es dem englischen Geologen CHARLES LYELL (1797-1875) mit der Veröffentlichung seines Hauptwerkes »Principles of Geology« gelungen, die biblische Zeitschranke wirksam zu durchbrechen. Die Befreiung von den Fesseln der alttestamentlichen Chronologie war so berauschend, dass ein zeitgenössischer Naturforscher ausrief: »Der wichtigste Gedanke in unserer gesamten Forschungsarbeit, der jede unserer Beobachtungen begleitet, und der Ruf, der dem Naturforscher fortwährend von überall her aus der Natur entgegenschallt, ist: Zeit! – Zeit! – Zeit!« [zit. nach TOULMIN & GOODFIELD 1985, 199]. Die Durchbrechung der biblischen Zeitschranke ebnete den Weg für den unaufhaltsamen Aufstieg der auf JAMES HUTTON (1726-1797) zurückgehenden naturphilosophischen Lehre des Aktualismus. Der Aktualismus löste den bis dahin dominierenden Katastrophismus ab, dessen bekannteste Anhänger der französische Naturforscher GEORGES CUVIER (1769-1832) und der englische Geologe WILLIAM BUCKLAND (1784-1856) waren. Im Folgenden sollen zunächst die Entwicklung der naturgeschichtlichen Erklärungsmodelle grundlegenden Begriffe »Katastrophismus« und »Aktualismus« erläutert und kritisch bewertet werden:

Der Katastrophismus besagt, dass die Erde in ihrer Geschichte von einer Reihe gewaltiger Naturkatastrophen erschüttert wurde, die frühere Welten hinweggefegt und zahllose alte Lebensformen vernichtet hätten. In seinen Anfängen war der Katastrophismus bemüht, die erdgeschichtlichen Phänomene streng in dem von der biblischen Schöpfungsgeschichte vorgegebenen Rahmen zu deuten. Die Katastrophisten waren daher an den engen Zeitrahmen der alttestamentlichen Chronologie gebunden, und entsprechend war die biblische Sintflut die größte Naturkatastrophe der Erdgeschichte. Ferner glaubten die Katastrophisten an eine separate Schöpfung der Arten und lehnten die Vorstellung von einer autonomen, ohne göttliche Eingriffe auskommenden Natur vehement ab. Diese weltanschaulichen Fesseln des Katastrophismus dürfen allerdings nicht darüber hinweg täuschen, dass er mit den damaligen geologischen und paläontologischen Befunden sehr gut übereinstimmte. Die erdgeschichtlichen Schichtfolgen zeigten nämlich keinesfalls eine stetige Entwicklung der Lebewesen, sondern nach einer Schicht, die z. B. Fossilien von Meerestieren enthielt, stieß man unvermittelt auf eine Schicht mit Süßwasserfossilien und danach ebenso übergangslos auf weitere Schichten mit noch andersartigen oder auch gar keinen Fossilien. Dies alles deutete auf gewaltige Umwälzungen und nicht auf die vom Aktualismus postulierten allmählichen Veränderungen hin.

Der Aktualismus besagt, dass die Naturkräfte zu allen Zeiten die selben wie heute waren und zu allen Zeiten mit einer Gewalt gewirkt haben, die kaum über die heute zu beobachtenden Grenzen der Gewalten hinausgegangen sind. Den Aktualisten genügte daher das Studium der gegenwärtigen geologischen Abläufe, um auf die geologischen Abläufe der Vergangenheit zu schließen. Kurz: Die Gegenwart ist der Schlüssel zur Vergangenheit. Nach LYELL waren alle geologischen Prozesse, seien es Ablagerungen oder Erosionen, die ganze Erdgeschichte hindurch mit der gleichen Geschwindigkeit abgelaufen. Und zwar so langsam, dass sie kaum wahrnehmbar sind. Die Aktualisten hatten somit das Wirken gewaltiger Naturkräfte, das von einem launischen Schöpfer verursacht wurde, durch das immerwährende Wirken sanfter Naturkräfte nach dem Prinzip »steter Tropfen höhlt den Stein« ersetzt. Allerdings knüpften nicht nur die Katastrophisten, sondern auch die Aktualisten an religiösen Vorstellungen an: Sie gingen nämlich davon aus, dass die Erde eine weise Konstruktion war, die nach einem vorgegebenen göttlichen Plan ohne weitere übernatürliche Eingriffe auf Selbsterhaltung angelegt sei [vgl. HÖLDER 1989, 64]. Da der Katastrophismus der biblischen Lehre unmittelbarer verbunden war, gelang es den Aktualisten jedoch, sich als die modernere und aufgeklärtere naturphilosophische Lehre zu präsentieren. In der Folge konnte sich der Aktualismus auf ganzer Linie gegen den Katastrophismus als wissenschaftliches Grundprinzip durchsetzen, obwohl er viele geologische und paläontologische Befunde – wie etwa die abrupten Schichtwechsel – nicht oder nur unzureichend erklären konnte.

Aus heutiger Perspektive ist positiv zu beurteilen, dass mit dem Aktualismus das ›göttliche Wirken‹, – sei es als Auslöser von Flutkatastrophen oder als wiederholte Neuschöpfung von Arten – aus der Naturgeschichte verbannt wurde. Andererseits sind die Anhänger des Aktualismus aber zu weit gegangen, indem sie mit der Verwerfung der biblischen Sintflut auch gleich jegliche Art von globalen Katastrophen aus der Erdgeschichte verbannten und die abrupten Schicht- und Faunenwechsel auf die Lückenhaftigkeit der geologischen Überlieferung zurückführten. Der Sieg des Aktualismus hat zudem vergessen lassen, dass es auch den Katastrophisten gelungen war, die biblische Zeitschranke zu durchbrechen. Diese hatten nämlich den Zeitraum der vordiluvialen (›vorsintflutlichen‹) Geschichte erweitert, in dem sie entsprechend der geologischen Befunde die ›Sintflut‹ als letzte einer Reihe von regionalen oder globalen Katastrophen betrachteten. Damit war es auch den Katastrophisten gelungen, sich von den Fesseln der alttestamentlichen Chronologie zu lösen und sich einen wesentlich größeren Spielraum für die Erklärung erdgeschichtlicher Phänomene zu verschaffen. Demgegenüber hatten die Aktualisten mit der Durchbrechung der biblischen Zeitschranke auch gleich die ›reale Zeit‹ aus der Naturgeschichte entfernt, weil sie Vergangenheit nicht als Abfolge von singulären Ereignissen interpretierten. Die Verbannung der realen Zeit gelang den Aktualisten über das regulative Prinzip der Zyklen [ENGELHARDT & ZIMMERMANN 1982, 353]:»Innerhalb eines Zyklus gibt es zwar in der Zeit gerichtete Abläufe. Da sich die Zyklen aber als typische Prozesse immer wiederholen, ist im Ganzen die reale Zeit wieder eliminiert und die immerwährende Gegenwart ist als das eigentliche Thema der uniformitarisch orientierten ahistorischen Geowissenschaft gerettet«.

Der seit der Mitte des 19. Jahrhunderts zum universellen Dogma erhobene ›Allmählichismus‹ [HEINSOHN 2000, 124] und ›Unmerklichismus‹ der Aktualisten hat bis ins späte 20. Jahrhundert das Denken der naturgeschichtlichen Disziplinen bestimmt und eingeschränkt. So war die Verfügbarkeit endloser Zeiträume auch die Voraussetzung für die von CHARLES DARWIN (1808-1882) postulierte gemeinsame Abstammung der Arten und allmähliche Entstehung der Artenvielfalt durch Variation und natürliche Auslese. Nach dem ungeschriebenen Kodex des Aktualismus waren die Naturforscher gezwungen, jedes noch so kuriose erdgeschichtliche Phänomen als Ergebnis eines allmählichen Wandels und darüber hinaus auch noch als Produkt irdischer Prozesse zu interpretieren. Kosmische Einflüsse, wie sie z. B. in der Impakttheorie zum Tragen kommen, galten als eklatanter Verstoß gegen das aktualistische Prinzip und schwere Missachtung des geologischen und paläontologischen Methodenkanons. Noch in den sechziger Jahren des letzten Jahrhunderts rief der renommierte Geologe HELMUT HÖLDER zur Zeit der heftigsten Debatten über die Impakt-Entstehung des Nördlinger Ries aus: »Ein Meteoritenschlag (...) ist für die erdgeschichtliche Forschung ein Schlag ins Gesicht, denn die Erdgeschichte bemüht sich ja eben darum, die irdisch-historischen Voraussetzungen für den Eintritt eines erdgeschichtlichen Ereignisses, für das Eigenbild eines Stückes Erdgeschichte aufzuzeigen« [zit. nach ENGELHARDT & ZIMMERMANN 1982, 358].

Nur mit Widerwillen haben viele naturgeschichtliche Forscher zur Kenntnis genommen, dass sich in den letzten Jahrzehnten das intellektuelle Klima geändert hat und Katastrophen zunehmend Lücken in die Kontinuität der Naturerscheinungen reißen [vgl. RIEPPEL 1985, 625]. Viele Naturforscher tun sich daher trotz der erdrückenden Indizienlage immer noch schwer zu akzeptieren, dass keine irdischen, sondern kosmische Ereignisse die Dinosaurier von unserem Planeten gefegt haben [z. B. COURTILLOT 1997 & 1999]. Sie befürchten, dass durch kosmische Einflüsse Zufall und Opportunismus in die naturgeschichtlichen Disziplinen Einzug halten. Deshalb braucht jede katastrophistische These auch heute noch mindestens drei Mal soviel Belege wie eine aktualistische These, um überhaupt diskussionswürdig zu sein [vgl. hierzu z. B. BECKER 2002]. Gegen diese Art von einseitig parteiergreifender Wissenschaft hat sich jedoch seit Mitte des 20. Jahrhunderts, also zu einer Zeit, in der die Anwendung des aktualistischen Prinzips immer noch für selbstverständlich gehalten wurde, Widerstand geregt. An erster Stelle ist hier der wohl bedeutendste und zugleich umstrittenste Neokatastrophist und Chronologiekritiker des letzten Jahrhunderts, IMMANUEL VELIKOVSKY, zu nennen (siehe Kap. 7.2 im Anhang). VELIKOVSKY bezweifelte die unermesslich lange Geschichte der geologischen Zeit und zeigte an einer Vielzahl von geologischen und paläontologischen Belegen, dass die erdgeschichtlichen Ereignisse nicht allmählich und unmerklich, sondern sprunghaft und dramatisch abgelaufen sind. Zudem postulierte er noch für die jüngste erdgeschichtliche Vergangenheit gewaltige kosmische Katastrophen.

Auch in der konventionellen Forschung hat die Vorstellung, dass katastrophale Ereignisse einen wesentlichen Einfluss auf den Gang der Erdgeschichte hatten, in der zweiten Hälfte des 20. Jahrhunderts wieder mehr Anhänger gefunden. Dazu trug u. a. die zunehmende Entdeckung irdischer Krater bei, die durch Einschläge kosmischer Geschosse entstanden waren [HÖLDER 1989, 60]. In einem 1973 in der renommierten Zeitschrift »Nature« veröffentlichten Aufsatz vertrat der bekannte Nobelpreisträger für Chemie HAROLD C. UREY die Auffassung, dass die geologischen Perioden, die bekanntlich vielfach mit verheerenden Massensterben verbunden sind, durch Impaktereignisse beendet wurden. Kaum 10 Jahre später veröffentlichte eine Forschergruppe um den Geologen WALTER ALVAREZ und den Physiker LUIS W. ALVAREZ einen mittlerweile klassisch gewordenen Aufsatz in der angesehenen amerikanischen Fachzeitschrift »Science«. Darin legten sie stichhaltige Indizien dafür vor, dass eines der größten Massensterben in der Geschichte des irdischen Lebens, nämlich das endkreidezeitliche Aussterben der Dinosaurier und vieler anderer Tierarten, durch den Einschlag eines Meteoriten von mindestens zehn Kilometern Durchmesser und dessen lebensfeindliche Folgewirkungen (›nuklearer Winter‹) ausgelöst wurde [ALVAREZ et al. 1980]. Nur wenige Jahre später rehabilitierte der Paläontologe STEPHEN JAY GOULD den Katastrophismus auch wissenschaftshistorisch, indem er mit der Legende aufräumte, dass der Katastrophismus ein bloßes Produkt gottesgläubiger Wissenschaft und der bedeutendste Aktualist des 19. Jahrhunderts, CHARLES LYELL, mit seinem einflussreichen Werk »Principles of Geology« der Begründer der modernen Geologie sei. GOULD [1990, 258] resümierte, »dass die gegenwärtigen [geologischen, G.M.] Anschauungen eine recht gleichmäßige Mischung aus Ansichten sind, die LYELL, und aus solchen, die die Anhänger der Katastrophentheorie vertreten haben«.

Der eigentliche Begründer des Neokatastrophismus IMMANUEL VELIKOVSKY wird allerdings von den etablierten Neokatastrophisten wenn irgend möglich übergangen, obwohl er die Bedeutung katastrophistischer Erklärungsansätze bereits Jahrzehnte zuvor hervorgehoben hatte. Dies hält die Wissenschaftler allerdings nicht davon ab, seine Theorien jedes Mal ›neu‹ zu entdecken, wenn die jeweilige Faktenlage keine aktualistische Interpretation mehr zulässt. Trotzdem ist es den Universitätswissenschaftlern nicht gelungen, VELIKOVSKY völlig vergessen zu machen. Dies liegt außer an der ungebrochenen Aktualität und Originalität seines Werkes auch an einer Reihe von neokatastrophistisch orientierten Forschern, die an seinen Ideen angeknüpft und weiter gearbeitet haben. Mit weniger ideologischer Verbohrtheit und einer mehr an stratigraphischer Evidenz orientierten Einstellung kritisieren sie die Methoden und Forschungsergebnisse der etablierten Wissenschaft und plädieren für eine erheblich kürzere und bezüglich ihrer Ereignisabfolge korrigierte Menschheits- und Naturgeschichte. Für den deutschsprachigen Raum seien hier explizit der Wirtschaftshistoriker GUNNAR HEINSOHN, der Physiker CHRISTIAN BLÖSS, der

Wissenschaftshistoriker HANS-ULRICH NIEMITZ und der von weiten Teilen der konventionellen Mittelalterforschung maßlos gefürchtete ›Mediävisten-schreck‹ HERIBERT ILLIG genannt, der zugleich Herausgeber des interdiszipli-nären Zeitensprünge-Bulletin ist.

Das Zeitensprünge-Bulletin ist eine der wenigen ernstzunehmenden wis-senschafts- und chronologiekritischen Zeitschriften in Deutschland. Bezüglich seiner inhaltlichen Ausrichtung kann es als ein neokatastrophistisch und welt-anschaulich nicht festgelegtes Forum kritischer Geschichtswissenschaftler und Naturgeschichtler bezeichnet werden, die vielfach von VELIKOVSKY inspi-riert wurden. Letzteres hält die Autoren allerdings nicht davon ab, auch VELI-KOVSKYS Theorien kritisch zu hinterfragen. Der Herausgeber versucht, das Bulletin deutlich von kreationistisch bzw. schöpfungsgeschichtlich orientier-ten wissenschaftskritischen Zeitschriften abzugrenzen. Dabei ist auch in eini-gen Veröffentlichungen der kreationistisch orientierten Wissenschaftler durchaus gute Naturwissenschaft zu finden. Hier ist an erster Stelle die vom Schöpfungsglauben inspirierte Zeitschrift »Studium Integrale« zu nennen. Dieses von der Studiengemeinschaft »Wort und Wissen e. V.« herausgegebe-ne, halbjährlich erscheinende Journal verfügt bezüglich evolutionsbiologi-scher, geologischer und paläontologischer Fragestellungen über ein Autoren-team, das auch nach universitären Maßstäben als überdurchschnittlich kompe-tent zu bezeichnen ist. Leider wird der Lesegenuss dadurch getrübt, dass nach oft bestechender Herausarbeitung der Schwächen verschiedener schulwissen-schaftlicher Theorien die als Alternative angebotenen schöpfungsgeschicht-lich orientierten Erklärungsmodelle auf den weltanschaulich nicht gebunde-nen Leser häufig etwas einseitig wirken. Dadurch unterscheidet sich das Jour-nal allerdings kaum von dem stereotypen ›Allmählichismus‹ in den konventi-onellen naturwissenschaftlichen Zeitschriften, der als ebenso einfältige Lö-sung aller naturgeschichtlichen Probleme präsentiert wird.

Zu Beginn dieses Kapitels wurde ein Naturforscher aus dem 19. Jahrhun-dert zitiert, der die Verfügbarkeit von unbegrenzter Zeit als den wichtigsten Gedanken bezeichnete, der ihm »fortwährend von überall her aus der Natur entgegenschallt«. Seit der Durchbrechung der biblischen Zeitschranke vor ca. 150 Jahren ist der Zeitvorrat, über den die konventionellen Forscher verfügen können, stetig angewachsen und zwar von wenigen tausend zu nunmehr eini-gen Milliarden Jahren. Dieser immense Zeitvorrat droht inzwischen zu einem Hemmschuh für die erdgeschichtliche Forschung zu werden. Immer mehr ge-

ologische und paläontologische Phänomene, für deren Verursachung die Forscher in aktualistischer Tradition früher riesige Zeiträume veranschlagt haben,
entpuppen sich bei der empirischen Untersuchung als kurzfristige Ereignisse.
Das bekannteste Beispiel dafür ist sicherlich der bereits erwähnte endkreidezeitliche Niedergang der Dinosaurier, der nach alter aktualistischer Auffassung einige Millionen Jahre gedauert haben soll. Heute geht man davon aus,
dass die Saurier von einem Asteroidenschlag und seinen verheerenden Folgewirkungen von unserem Planeten gefegt worden sind, also einem Ereignis,
das nur wenige Jahre oder Jahrzehnte in Anspruch genommen hat, um sein
mörderisches Werk zu vollenden. Auch den Quartärforschern fällt es zunehmend schwerer, die neuerdings festgestellten, abrupten endeiszeitlichen Umweltveränderungen in die auf extrem lange Zeiträume geeichte geologische
Zeitskala einzupassen. Hier fragt sich, wie viele kurzzeitige Ereignisse eigentlich noch festgestellt werden müssen, bis sich die erdgeschichtlichen Forscher
ans Werk machen, die betagte geologische Zeitskala wieder zu kürzen.

7.2 Die Theorie der kosmischen Katastrophen von Immanuel Velikovsky

Der Psychoanalytiker und Altertumsforscher IMMANUEL VELIKOVSKY (1895-
1979) hat Anfang der fünfziger Jahre des vorigen Jahrhunderts in seinem auf-
sehenerregenden Buch »Welten im Zusammenstoß« eine Vielzahl von Belegen dafür vorgelegt, dass die Erde zwischen dem 15. und 8. Jahrhundert v.
Chr. eine Reihe von fürchterlichen Katastrophen globalen Ausmaßes erlebte.
VELIKOVSKY stützt seine Theorien nicht nur auf umfangreiche archäologische,
astronomische, geologische und paläontologische Befunde, sondern auch auf
die Auswertung von alten Überlieferungen und Legenden. Das Erscheinen
seines provokanten Werkes im Jahre 1950 löste vor allem in Amerika eine
stürmische Diskussion aus, die von beachtlicher Feindseligkeit bis hin zum
Boykott seines Verlegers begleitet war [vgl. hierzu DE GRAZIA 1979]. Einmal
mehr lautete die Devise der etablierten Wissenschaftler: Progressive
Theorien, die schulwissenschaftliche Grundprinzipien in Frage stellen und die
aufgrund ihrer Popularität nicht ignoriert werden können, müssen mit allen
Mitteln bis hin zur Diffamierung des jeweiligen Autors bekämpft werden.
    Fast alle Naturwissenschaftler lehnten seine Theorie der kosmischen Kata-
strophen vehement ab, zum großen Teil jedoch ohne seine Bücher überhaupt
gelesen oder sich mit seinen Argumenten auseinandergesetzt zu haben. Der

damals führende amerikanische Astronom HARLOW SHAPLEY vom Harvard Observatorium begründete seine Weigerung, VELIKOVSKYS Prognosen bezüglich der Venustemperatur experimentell zu überprüfen, mit der Bemerkung: »Wenn Dr. VELIKOVSKY recht hat, sind wir anderen alle verrückt« [zit. n. MARX 1982, 343]. Und erstaunlicherweise hatte Dr. VELIKOVSKY recht und das nicht nur hinsichtlich der Venustemperatur. Die nachfolgend zitierte, ausgesprochen sachliche Zusammenfassung seiner Theorien von dem Engländer Sir HAROLD SPENCER, einem Mitglied der Royal Society for Astronomy, muss bereits als eine rühmliche Ausnahme in der ›wissenschaftlichen Schlacht‹ um VELIKOVSKYS Ideen bezeichnet werden:

»Teile der Erdoberfläche wurden so sehr erhitzt, dass sie sich verflüssigten und dass sich große Lavaströme ergossen; das Meer kochte und verdunstete; ... Gebirge stürzten zusammen, andere wurden aufgetürmt; Kontinente stiegen höher und verursachten große Überschwemmungen; es regnete heiße Steine; schwere Störungen des elektrischen Feldes in der Atmosphäre verursachten ein Chaos; Wirbelwinde fegten über die Erde hin; Finsternis umhüllte die Erde, dann fiel Feuer vom Himmel. Dieses Bild einer Periode wüster Unordnung in geschichtlicher Zeit wird erhärtet durch eine Fülle von Zitaten aus dem Alten Testament, dem Veda, griechischer und römischer Mythologie und aus den Sagen, Überlieferungen und der Folklore vieler Rassen und Völker...

Dr. VELIKOVSKY führt diese schrecklichen Ereignisse in der Erdgeschichte auf eine Reihe furchtbarer kosmischer Katastrophen zurück. Im Sonnensystem sehen wir, dass sich die verschiedenen Planeten alle um die Sonne bewegen, und zwar alle in der gleichen Richtung und auf Bahnen, die annähernd kreisförmig sind und nahezu alle in einer Ebene liegen. Dr. VELIKOVSKY behauptet, dies sei nicht immer so gewesen; in früheren Zeiten hätten sich ihre Umlaufbahnen geschnitten; große Planeten seien zusammengestoßen, und dass habe zur Entstehung von Kometen geführt. (...)

Er erklärt weiter, etwa im 15. Jahrhundert v. Chr., sei es zu einem Beinahzusammenstoß zwischen der Erde und einem dieser Kometen gekommen, dabei sei die Erde zweimal durch den Kometenschweif hindurchgeflogen. (Die Erde erlitt) die störende Wirkung der Anziehungskraft des Kometen,... starke Hitze und enorme Flutwellen ... ständige elektrische Entladungen ... und die Verseuchung der Atmosphäre durch die Gase im Kometenschweif. Dr. VELIKOVSKY führt die Ölvorkommen auf der Erde auf die Niederschläge in Form einer klebrigen Flüssigkeit (Naphta) aus einigen der Kohlenstoff- und Wasserstoffgase im Kometenschweif zurück.

Dieser Komet soll mit dem Mars zusammengestoßen sein, ... und er soll durch den Zusammenprall seinen Schweif verloren haben und zum Planeten Venus geworden sein ... Weitere Katastrophen ... folgten ... Der Mars rückte näher an die Erde heran, so dass er im Jahre 687 v. Chr. ... beinahe mit der Erde zusammenstieß.

Diese diversen Begegnungen sollen die Ursache für wiederholte Änderungen der Umlaufbahn der Erde, die Veränderung der Achsneigung, die Länge des Tages, der Jahreszeiten und des Jahres sein. Einmal gar soll die Erde ihre Richtung gänzlich umgekehrt haben, so dass die Sonne im Westen auf- und im Osten unterging. Dr. VELIKOVSKY behauptet, zwischen dem 15. und 8. Jahrhundert v. Chr. habe das Jahr 360 Tage gehabt, und 687 v. Chr. habe sich schlagartig diese Zahl auf 365,25 erhöht. Die Umlaufbahn des Mondes und die Länge des Monats hätten sich ebenfalls geändert...« [zit. n. JUERGENS 1979, 24f].

Die zuvor angeführte Geschichte hört sich zunächst abenteuerlich an und scheint daher eine der vielen, auf alte Überlieferungen aufbauenden phantastischen Weltdeutungen zu sein, die weder überprüfbar noch von großem wissenschaftlichen Wert sind. Das Besondere an VELIKOVSKYS Theorie der kosmischen Katastrophen ist aber, dass er eine Vielzahl von konkreten, wissenschaftlich überprüfbaren Prognosen machte. Erstaunlicherweise haben sich diese Prognosen später zum weitaus überwiegenden Teil als richtig erwiesen. Sie sollen hier nur auszugsweise angeführt werden [vgl. DE GRAZIA 1979, 13f]: Starke elektrische Ladungen auf und Radiostrahlung vom Jupiter; die Sonne trägt eine elektrische Ladung und hat ein ausgedehntes, bis zum Pluto reichendes Magnetfeld; die Venus ist sehr heiß, hat eine schwere Atmosphäre und rotiert vermutlich anomal; der Mars ist mondähnlich, von Kratern übersät und geologisch aktiv; Restmagnetismus und Edelgas Neon auf dem Mond; ausgedehnte Magnetosphäre der Erde; häufigere Umkehrungen der magnetischen Pole der Erde in der erdgeschichtlichen Vergangenheit; ein Teil des

Erdöls hat sich erst vor einigen Jahrtausenden abgelagert. Eine vollständigere, von CHRISTOPH MARX erstellte Liste von VELIKOVSKYS beeindruckendem Erfolgsprotokoll befindet sich im Anhang der deutschen Neuausgabe seines Buches »Welten im Zusammenstoß« (1978) bzw. in der Taschenbuchausgabe [1982, 344ff.]. Sicherlich bedürfen einige von VELIKOVSKYS Prognosen im Lichte aktueller astrophysikalischer Erkenntnisse einer erneuten Prüfung, zumal die vorgenannte Liste über 20 Jahre alt ist.

In schulwissenschaftlichen Veröffentlichungen wird VELIKOVSKY, wenn überhaupt, nur als verrückter Außenseiter und nicht etwa als außergewöhnlicher Wissenschaftler erwähnt [vgl. z. B. HSÜ 1990, 141f]. Sollte sein Lebenswerk von den Kathederwissenschaften jemals gewürdigt werden, wäre er posthum sicherlich ein Anwärter für gleich mehrere Nobelpreise, nämlich (Astro-)Physik und (Astro-)Chemie, und, wenn es sie geben würde natürlich auch Geologie und Paläontologie. Leser, die sich einen Eindruck von der Bedeutung VELIKOVSKYS bezüglich der zuletzt genannten Disziplinen verschaffen möchten, empfehle ich die Lektüre seines immer noch aktuellen Buches »Erde im Aufruhr« [1983, zuerst 1956]. Hier hat VELIKOVSKY die naturgeschichtlichen Belege für seine Theorie der kosmischen Katastrophen zusammengestellt. Meines Erachtens handelt es sich bei diesem Buch um eines jener brillanten Werke, aus denen in der neueren naturgeschichtlichen Literatur zwar viel abgeschrieben, aber kaum zitiert wird. Ein aufschlussreiches Beispiel hierfür stellt das Sachbuch »Bomben aus dem All – Die kosmische Bedrohung« des Planetologen JOHN S. LEWIS [1997] dar. Hier wird VELIKOVSKYS Ansatz, Überlieferungen und Mythen über kosmische Phänomene nicht als Phantasieprodukte verwirrter Menschen abzutun, sondern als Reaktion auf tatsächliche Ereignisse zu begreifen und in die naturwissenschaftliche Ereignisanalyse und Theoriebildung mit einzubeziehen, aufgegriffen, ohne ihn auch nur einmal namentlich zu erwähnen. Als Krönung seiner Verdrängungsarbeit hat LEWIS sein Buch dann auch noch – wie so oft in der wissenschaftlichen Literatur – nicht etwa seinen Ideengebern, sondern seiner vermutlich während der Arbeit an seinem Werk vernachlässigten Lebenspartnerin gewidmet.

7.3 Klimaschaukel im Nordatlantik

Das Ende der letzten Eiszeit war ein turbulenter Vorgang, bei dem es immer wieder zu abrupten Klimawechseln kam. Ursprünglich machten die Wissenschaftler dafür Veränderungen in der Atmosphäre verantwortlich, weil man glaubte, dass nur von ihr so dramatische Klimaschwankungen ausgehen könnten. Die Meere hingegen galten als träges Element in der Klimamaschinerie. Erst in jüngster Zeit wurde die außergewöhnlich große Bedeutung der Meeresströmungen für die wirkungsvolle Verteilung der Wärme auf der Erde entdeckt. Für das Klima in Mittel- und Nordeuropa ist z. B. von großer Bedeutung, dass warmes äquatoriales Oberflächenwasser durch Winde in polnähere Breiten gelangt und von dort mit dem Golfstrom (und seiner Verlängerung im Nordatlantikstrom) in die hohen Breiten des Nordatlantiks transportiert wird. Dort versinkt das Oberflächenwasser und fließt als nordatlantische Tiefenströmung wieder Richtung Äquator. Die nordatlantische Tiefenströmung wird durch Dichteunterschiede im Wasser angetrieben, die dadurch zustande kommen, dass das Oberflächenwasser im Nordatlantik unter sehr kalten Bedingungen verdunstet oder gefriert. Beide Prozesse lassen den Salzgehalt im Oberflächenwasser lokal ansteigen, wodurch sich seine Dichte erhöht. Das dichte Oberflächenwasser des Nordatlantiks sinkt ab und strömt in einer Tiefenströmung Richtung Süden. Das kalte und salzige, zum Meeresboden absinkende Oberflächenwasser wird durch warmes Oberflächenwasser aus den mittleren Breiten ersetzt. Dieser Prozess wird auch thermohaline, d. h. an die Temperatur und den Salzgehalt gebundene Zirkulation genannt.

Das Absinken von Wasser hoher Dichte ist der wichtigste Antrieb (sozusagen die ›Umwälzpumpe‹) für das System der Oberflächen- und Tiefenströmungen im Atlantik. Da diese Strömungen ihrerseits Teil eines globalen ozeanischen ›Wärme- und Salzförderbandes‹ sind, spricht man auch von der ›Klimapumpe‹ im Nordatlantik. Die Leistung der Klimapumpe hängt dabei vor allem vom Süßwassereinstrom in den Nordatlantik, also der Gesamtmenge aus Niederschlag, Fluss- und Schmelzwasser ab. Man hat Indizien für mindestens acht Süßwassereinbrüche in den Nordatlantik gefunden: Siebenmal gab es eine Invasion von Eisbergen, die vom Ostrand des amerikanischen Inlandeisschildes (Laurentide ice sheed) über der heutigen Hudson Bay abbrachen, und einmal ergoss sich eine Schmelzwasserflut aus zwei riesigen Seen am Südrand der zurückweichenden Gletscherfront (glacial lakes Agassiz und Ojibway). Diese Mega-Eisbergflotten haben auch ihre Spuren in den Tiefen des Nordatlantik hinterlassen. In den achtziger Jahren des letzten Jahrhunderts entdeckte der deutsche Meeresgeologe HARTMUT HEINRICH [1988] eine Reihe von Sedimentschichten mit einem ungewöhnlich hohen Anteil eisverfrachteten Materials (ice-rafted detruis, IRD). Die Schichten erstrecken sich von Labrador bis zu den britischen Inseln und werden als IRD-Schichten oder nach ihrem Entdecker als HEINRICH-Ereignisse bezeichnet. Die besonderen Eigenschaften dieser Sedimentschichten lassen sich am besten damit erklären, dass sie beim Abschmelzen enormer Massen von Eisbergen entstanden sind, die am Ende von Abkühlungsphasen vom amerikanischen Kontinent wegdrifteten.

Klimatologen und Ozeanographen [vgl. z. B. BROECKER 1996] haben nun eine Kette von Ereignissen gegen Ende der letzten maximalen Vereisung ausgemacht, die auf einen starken Einfluss der thermohalinen Zirkulation auf die spätglaziale und frühholozäne Klimaentwicklung hinweisen. So ist nach einer Klimaerwärmung immer dann mit heftigen Klimaumschwüngen zu rechnen, wenn die Dynamik des warmen Golf- bzw. Nordatlantikstroms ins Stocken gerät oder sich später wieder normalisiert. Ein Stocken des Wärmeförderbandes bewirkt dabei eine starke Abkühlung in Nord- und Mitteleuropa. Es gilt heute als sehr wahrscheinlich, dass die Unterbrechung der thermohalinen Zirkulation auch für die Rückkehr arktischer Klimaverhältnisse in der Jüngeren Dryaszeit verantwortlich ist: Als die Eisdecken am Ende des letzten glazialen Maximums schmolzen, gelangte eine gewaltige Menge an kaltem Süßwasser in den Nordatlantik. Dadurch wurde das Oberflächenwasser des Nordatlantiks so verdünnt, dass es nicht mehr salzig genug war, um auf den Ozeanboden zu sinken. Die Einschränkung der thermohalinen Zirkulation führte zu einem Stocken der atlantischen Klimapumpe und einer plötzlichen Abkühlung in Nordeuropa. Als die Zufuhr an Schmelzwasser abklang, sammelte sich wieder genug Salz im Nordatlantik, um die Klimapumpe bzw. thermohaline Zirkulation erneut in Gang zu setzen, wodurch die starke Erwärmung zu Beginn des Präboreals verursacht wurde.

Die Klimaforscher versuchen derzeit herauszufinden, weshalb das holozäne Klima abweichend vom pleistozänen Klima so stabil ist. Während der letzten Eiszeit betrug das Zeitintervall zwischen zwei Klimaumschwüngen (sogenannte D/O-Events), bei denen die Temperatur wiederholt innerhalb weniger Jahre um acht bis zehn Grad empor schnellte, in der Regel 1.500 Jahre und nur manchmal 3.000 oder 4.500 Jahre. Demgegenüber hat es im gesamten Holozän keinen so ausgeprägten Klimaumschwung mehr gegeben. Der Kieler Meeresgeologe MICHAEL SARNTHEIN [et al. 1994] erkannte drei Hauptmodi der nordatlantischen Tiefenströmung. In dem einen reichte der warme Nordatlantikstrom so wie heute bis vor die Küsten Skandinaviens. Im zweiten hörte die Strömung dagegen schon südlich von Island auf, und im dritten war sie offenbar ganz ausgefallen. Nach einem Modell der Potsdamer Klimaforscher ANDREY GANOPOLSKI und STEFAN RAHMSTORF [2001] erwies sich unter Eiszeitbedingungen nur der mittlere als stabil, bei dem die warme Strömung südlich von Island endete. Die beiden anderen Zustände – der heutige und der ganz ohne warme Strömung – ließen sich durch gezielt ins Modell eingeführte Störungen (Drosselung oder Verstärkung des Süßwassereinstroms in den Nordatlantik) zwar erreichen, der Atlantik fiel aber nach einigen hundert Jahren von selbst wieder in seinen einzig stabilen Modus zurück. In einem warmen Klima wie dem heutigen verhält es sich dagegen umgekehrt: Nun sind gerade die beiden Zustände beständig, die unter Eiszeitbedingungen instabil waren.

Die Modellrechnungen legen nahe, dass das atlantische Strömungssystem während der letzten Eiszeit regelrecht auf der Kippe stand. Deshalb spricht man auch von einer Klimaschaukel im Nordatlantik. Äußerst geringe Änderungen im Süßwassereinstrom konnten es von seinem stabilen, kalten Zustand in einen anderen wärmeren Zustand umkippen lassen, der eher dem heutigen ähnelt. Dieser war aber unter Eiszeitbedingungen nicht stabil, so dass das Klima nach einer gewissen Zeit von alleine wieder zurückkippte. Daraus lässt sich ein plausibles Szenario für die bisher rätselhaften DANSGAARD-OESCHGER-Ereignisse mit ihren kurzfristigen Erwärmungs- und ihrer längerandauernden Abkühlungsphasen ableiten. Was diesem Szenario nach Auffassung der Potsdamer Klimaforscher noch fehlt, ist der Auslöser dafür, warum es immer wieder zu Störungen im Nordatlantik kam. Aufgrund des periodischen Vorkommens der D/O-Events vermuten sie als Auslöser einen zyklischen Vorgang in der Sonne. Diesem zyklischen Vorgang ist es allerdings abweichend vom letzten Glazial im Holozän nicht gelungen, gravierende D/O-Events auszulösen. Dies kann nach den Modellrechnungen von GANOPOLSKI und RAHMSTORF damit erklärt werden, dass in dem warmen holozänen Klima eine Atlantikströmung herrscht, die nicht wie beim Eiszeitzustand auf der Kippe steht. Um die heutigen Strömungsverhältnisse zu ändern, sind nach diesen Berechnungen wesentlich größere Eingriffe nötig.

Die Modellrechnungen von GANOPOLSKI und RAHMSTORF haben jedoch einen gravierenden Schönheitsfehler. Sie können nämlich die dramatischen glazialen und stabilen holozänen Klimaverhältnisse nur erklären, indem sie als Randbedingungen den kalten glazialen und warmen holozänen Zustand vor-

aussetzen. Sie klammern damit die Frage aus, weshalb sich das Klima nach
den heftigen Klimaschwankungen im Spätglazial rapide erwärmt hat und in
den stabilen holozänen Zustand überging. Darüber hinaus werden in den Modellrechnungen nur bestimmte Phänomene, wie z. B. die An- oder Abwesen-
heit kontinentaler Eisschilde, als Randbedingungen berücksichtigt. Völlig
ausgeklammert wird, dass das Spätglazial tektonisch und vulkanisch eine ausgesprochen aktive Zeit war [RÖTHLISBERGER 1986, 314; BERGER 1991, 122f].
Aus aktuellen Untersuchungen großer vulkanischer Eruptionen ist bekannt,
dass sie kurzzeitig erhebliche Klimaverschlechterungen (›vulkanische Winter‹) bewirken können, da in die Stratosphäre geschleuderte vulkanische
Asche das einstrahlende Sonnenlicht reflektiert. Darüber hinaus deutet die offensichtlich auch qualitative Veränderung der Sauerstoff-Isotopenkurve zu
Beginn des Holozäns darauf hin, dass es am Ende des Eiszeitalters einen gravierenden Einschnitt gegeben hat, der bezüglich der nacheiszeitlichen Klimaentwicklung neue Ausgangsbedingungen geschaffen hat. Vermutlich hat es
sich bei diesem Einschnitt um eine globale Naturkatastrophe gehandelt, die
von einer abrupten Verlagerung der Erdachse ausgelöst wurde.

In der konventionellen Literatur scheint bezüglich solcher Fragen immer
noch ein Denkverbot zu herrschen. Stattdessen wird in fast jedem Beitrag, der
sich mit klimageschichtlichen Fragen beschäftigt, ausgiebig darüber spekuliert, ob der (angeblich anthropogen verursachte) Treibhauseffekt in näherer
Zukunft einen Klimakollaps auslösen kann. Damit soll vermutlich die aktuelle
ökopolitische Bedeutung der klimageschichtlichen Forschungsprojekte betont
werden. Tatsächlich wird mit solchen Spekulationen aber nur davon abge-
lenkt, dass das großräumige Klima weniger durch industrielle Emissionen als
durch ›Bomben‹ aus dem All oder die Schwankungen der Sonnenaktivität und
der Intensität der kosmischen Strahlung bedroht ist [vgl. z. B. HSÜ 1990;
VAAS 1995; LEWIS 1997; CALDER 1997].

Glossar

Bei Begriffen, die naturgeschichtliche Phänomene (z. B. Löß, Moräne, Eiszeit) bezeichnen, werden überwiegend nur die konventionellen Interpretationen angeführt. Dies schließt nicht aus, dass z. B. aus katastrophistischer Sicht ganz andere Deutungen möglich sind. Die Altersangaben stammen ebenfalls aus der einschlägigen Fachliteratur und sind daher nur als Relativdaten zu verstehen.

Aktualismus: Seit Mitte des 19. Jahrhunderts geltendes, auf JAMES HUTTON (1726-1797) zurückgehendes Grundprinzip der naturgeschichtlichen Disziplinen. Es besagt, dass die Naturkräfte zu allen Zeiten »mit einer Gewalt« gewirkt hätten, die kaum über die heute zu beobachtenden »Grenzen der Gewalten« hinausgegangen ist. Kurz: Die Gegenwart ist der Schlüssel zur Vergangenheit. Der seit CHARLES LYELL (1797-1875) und CHARLES DARWIN (1809-1882) zum Dogma erhobene → Allmählichismus dominierte bis Ende des letzten Jahrhunderts das Denken der naturgeschichtlichen Disziplinen. Nach Auffassung von Neokatastrophisten hat die LYELL-DARWIN-sche Doktrin die naturgeschichtliche Forschung um mindestens 150 Jahren zurückgeworfen.

Alluvium: Das ›Zusammengeschwemmte‹ oder ›Angeschwemmte‹, alte Bezeichnung für die jüngere Abteilung des → Quartärs, heute → Holozän genannt.

Allmählichismus: Polemische Bezeichnung für das zwanghafte Bestreben der naturgeschichtlichen Disziplinen, jedes noch so ungewöhnliche erdgeschichtliche Phänomen als Ergebnis eines äußerst kleinschrittigen und langandauernden Prozesses zu interpretieren.

anthropogen: Durch den Menschen verursacht

Biostratigraphie: Beschreibung, Gliederung und relative Datierung von Schichtenfolgen nach den aufgefundenen → Fossilien. Hier vor allem die Gliederung von Moorablagerungen durch → Mikrofossilien.

BP: Before Present; Zeitangabe in Jahren (a) vor 1950 n. Chr.. Bei C14-Daten wird weiterhin unterschieden:
BP con. = unkalibrierte, konventionelle C14-Datierung
BP cal. = dendrochronologisch kalibrierte C14-Datierung

C14-Methode: Verfahren zur Altersbestimmung von organischem Material aufgrund des gesetzmäßigen Zerfalls des radioaktiven Kohlenstoff-Isotops C14. Das → Isotop entsteht durch die kosmische Höhenstrahlung und wird wie normaler Kohlenstoff C12 über das Kohlendioxid der Luft von den Pflanzen und über diese auch von den Tieren und Menschen aufgenommen und in den gesamten Organismus eingebaut. Nach dem Absterben der Organismen verändert sich das Kohlenstoff-Isotopenverhältnis (C12/C14), d. h. das Verhältnis von normalem zu radioaktivem Kohlenstoff. Aus der Abweichung zur ursprünglichen Konzentration kann das radiometrische Alter kohlenstoffhaltiger organischer Reste wie Hölzer, Torfe, Knochen und Zähne bestimmt werden. Da sich die ursprünglich der C14-Methode zugrunde liegende Annahme eines konstanten C12/C14-Verhältnisses in der Atmosphäre als falsch erwiesen hat, weicht das radiometrisch bestimmte Alter (= C14-Alter) vom Kalenderalter (= Alter in Sonnenjahren) ab. Die C14-Methode benötigt daher zur Korrektur ihrer Messwerte eine von ihr unabhängige Altersbestimmungsmethode. Zur Kalibrierung der Messwerte der C14-Methode wird in der Regel auf die Ergebnisse der → Dendrochronologie zurückgegriffen.

Dendrochronologie: Methode zur Altersbestimmung, die sich zunutze macht, dass Gehölze im gemäßigten Klimabereich aufgrund der jahreszeitlichen Wachstumsrhythmen Jahresringe bilden. Diese können in Stammscheiben ausgezählt werden. Jahrringchronologien erhält man durch die Synchronisation von → rezenten und → (sub-)fossilen Stammscheiben, die sich zeitlich überlappen. Idealerweise geschieht dies anhand von Weiserjahren oder individuellen Sequenzen der vom Witterungsverlauf abhängigen Breite der Jahrringe. In der Praxis geschieht dies jedoch häufig über einen statistischen Abgleich der Kurve der Jahrringbreiten. Um eine Verknüpfung der dendrochronologischen Altersbestimmung zu den Ergebnissen der → C14-Methode herzustellen, wird das Radiokarbonalter der einzelnen Jahrringe aus den gemessenen C14-Restaktivitäten ermittelt. Da man davon ausgeht, dass das dendrochronologisch bestimmte Alter der Jahrringe das wahre Alter in Kalenderjahren angibt, werden aus den Abweichungen der Ergebnisse beider Altersbestimmungsmethoden Kalibrierkurven zur Korrektur der Radiokarbondaten erstellt. Dabei wird jedoch nicht bedacht, dass die ›schwimmenden‹ zunächst nicht lückenlos in die Vergangenheit ragenden Stammscheibensequenzen nicht nur über Weiserjahre oder statistische Abgleiche, sondern auch mit Hilfe von C14-Vordatierungen aneinander gereiht wurden. Daraus folgt, dass die für die Korrektur der Radiokarbondaten erforderliche Unabhängigkeit der Dendrochronologie von der C14-Methode nicht gegeben ist. Weil sich die beiden Altersbestimmungsmethoden also wechselseitig aufeinander beziehen, beruhen die von ihnen gegebenen Datierungen auf Zirkelschlüssen.

Diasporen: Generative (z. B. Sporen, Samen oder Früchte) und vegetative (z. B. Rhizome) Ausbreitungseinheiten von Pflanzen.

Diluvium: Bildungen der ›großen Flut‹ oder ›Überschwemmung‹, ältere Bezeichnung für das → Pleistozän.

edaphisch: Von den Eigenschaften des Bodens abhängig, bodenbedingt.

Eem-Interglazial: Letztes → Interglazial (~128.000 bis 115.000 BP)

Eiszeitalter: → Pleistozän

Erosion: Durch Regentropfen, fließendes Wasser oder Wind verursachte Prozesse der Ablösung und des Transportes von geologischen Substraten.

Fossil: Überreste vorzeitlicher Lebewesen, die durch natürliche Ursachen in der Erdkruste erhalten geblieben sind; vgl. → rezent.

Geologische Zeitskala: Die geologische Zeitskala umfasst einen Zeitraum von mehreren Milliarden Jahren. Diesen immensen Zeitvorrat verdanken die naturgeschichtlichen Disziplinen zunächst ihrem → aktualistischen Grundprinzip, das sie verpflichtet, jedes erdgeschichtliche Phänomen als äußerst kleinschrittigen und langandauernden Prozess zu interpretieren. Später wurde dieser bereits methodisch vorgegebene Zeitrahmen durch → radiometrische Altersbestimmungen von Gesteinsproben bestätigt und sogar noch erweitert. Dem aktualistischen Grundprinzip widersprechend, sind in den letzten Jahrzehnten immer mehr Phänomene bekannt geworden, die gegen stetige und langsam fortschreitende Entwicklungsreihen sprechen und sich besser als abrupte, zufällige Ereignisse interpretieren lassen (→ Neokatastrophismus). Da die kurzzeitigen Ereignisse zuvor als langandauernde Prozesse interpretiert wurden, sammeln sich auf der geologischen Zeitachse immer mehr ereignislose, eigentlich überflüssige Abschnitte an. Darüber hinaus wird es für die konventionellen Forscher immer schwieriger, die Dauer solcher kurzzeitigen Ereignisse mit der auf Jahrmillionen und Jahrmilliarden geeichten geologischen Zeitskala auszudrücken. Dies spiegelt sich in skurrilen Formulierungen wie z. B. »nach geologischen Maßstäben nahezu urplötzlich« wider. Bisher haben die konventionellen Forscher ihre zunehmenden Formulierungsprobleme und die wachsende Zahl von ereignislosen Abschnitten auf der Zeitachse allerdings noch nicht zum Anlass genommen, die betagte geologische Zeitskala durch eine drastische ›Verjüngungskur‹ den neuen Realitäten anzupassen.

Geomorphologie: Wissenschaft von den Oberflächenformen der Erde und von den gestaltenden Kräften, die diese Formen hervorgebracht haben.

Geschiebemergel: Kalkhaltige, tonig-sandige, mit Gesteinsbrocken (Geschieben) durchsetzte, meistens un- oder wenig geschichtete Ablagerung von grauer Färbung, die von Gletschern oder Inlandeismassen nach dem Rückgang der Vereisung zurückgelassen wurde; vgl. → Moräne.

glaziär: Bezeichnungen für Vorgänge und Bildungen, die in enger Beziehung zu Eismassen stehen.

Glazial: Kaltzeitphase mit Inlandvergletscherung

Hochglazial: Kälteste Phase des → Würm-Glazials

Holozän: Jüngere Abteilung des → Quartärs und damit jüngster Abschnitt der Erdgeschichte, auch Nacheiszeit oder Jetztzeit genannt (~10.000 BP bis heute); ältere Bezeichnung: → Alluvium.

Humifizierung: Zersetzung abgestorbener organischer Substanz

Hydrologie: Wissenschaft, die sich mit der Verteilung des Wassers auf der Erde, seinen physikalischen Umwandlungen und chemischen Reaktionen mit anderen natürlich vorkommenden Substanzen und seiner Beziehung zum Leben auf der Erde befasst.

Impakttheorie: Katastrophentheorie neueren Ursprungs. Sie wurde entwickelt, als zunehmend irdische Krater entdeckt wurden, die durch kosmische Boliden (Meteorite, Asteroiden, Kometen) entstanden sind. Die Impakttheorie beschreibt den Ablauf der Vorgänge, die dadurch ausgelöst werden, dass ein großer Bolide mit hoher Geschwindigkeit auf die Oberfläche eines Planeten trifft.

Interglazial: Warmzeitphase mit Wiederbewaldung zwischen zwei → Glazialen

Interstadial: Kurze Warmzeitperiode innerhalb einer größeren Glazialphase ohne nennenswerte Wiederbewaldung

Isotope: Atome eines Elements mit gleichen chemischen Eigenschaften und unterschiedlicher Massenzahl. Aufgrund ihrer abweichenden Massenzahl können sie ein unterschiedliches physikalisches Verhalten zeigen. Instabile, radioaktive Isotope werden zur → radiometrischen Altersbestimmung benutzt.

Katastrophismus: Bis zu Beginn des 19. Jahrhunderts dominierende, vor allem von dem berühmten französischen Naturforscher GEORGES CUVIER (1769-1832) vertretene und ausgebaute Lehre, wonach die Erde in ihrer Geschichte von gewaltigen Naturkatastrophen erschüttert worden ist. Abweichend vom → Aktualismus ist die Beobachtung gegenwärtiger Prozesse daher nicht a priori der Schlüssel für die Erklärung vergangener Ereignisse. Obwohl der Katastrophismus sehr gut mit den geologischen und paläontologischen Befunden übereinstimmte, konnte er sich nicht gegen aktualistische, im 19. Jahrhundert als zeitgemäßer und aufgeklärter geltende Vorstellungen behaupten. Erst seit der Mitte des 20. Jahrhunderts werden katastrophistische Vorstellungen in den naturgeschichtlichen Disziplinen wieder verstärkt diskutiert (→ Neokatastrophismus).

limnisch: Im stehenden Süßwasser gebildet

Löß: Schluffiges, graues bis gelblichbraunes, vom Wind abgelagertes Lockersediment (›Flugstaub‹), das auf der ganzen Erde (in erster Linie aber auf der Nordhalbkugel nördlich und südlich des 40. Breitengrades) zu finden ist. Sein Ursprung wird üblicherweise in den Höhepunkt der Eiszeiten verlegt, wo es in einem trockenkalten Klima und starken atmosphärischen Winden durch Ausblasung von vegetationslosen Schotter- und Sanderflächen sowie → Moränen entstanden sein soll. Die Ablagerung des Flugstaubes im → Periglazialgebiet erfolgte häufig vor Mittelgebirgsschwellen. Die Lößherkunft, -ablagerung und -stratigraphie birgt ein Vielzahl bisher nicht gelöster Rätsel. Von verschiedenen Forschern wurde daher die Auffassung vertreten, dass der Löß nicht irdischen, sondern kosmischen Ursprungs sei, also einer Art ›dirty snowball‹ entstamme und als Ergebnis eines oder mehrerer katastrophischer Großereignisse abgelagert wurde.

Makrofossilien: Mit dem bloßen Auge oder der Lupe erkennbare pflanzliche und tierische Großreste wie z. B. Samen, Nadeln, Knospenschuppen, Insektenfragmente oder Schneckenschalen. Die Makrofossilien- oder Großrestanalyse ergänzt die Ergebnisse der → Pollenanalyse.

Mikrofossilien: Mikroskopisch kleine → Fossilien wie Pollen und Sporen

Mitteleuropäische Grundfolge der Waldentwicklung: Bezeichnung für den weitgehend identischen Ablauf der nacheiszeitlichen Wiederbewaldung in Mitteleuropa. Die mitteleuropäische Grundfolge zeigt eine verblüffende Übereinstimmung mit der → natürlichen Sukzession auf einer vegetationsfreien Fläche. In Pollendiagrammen spiegelt sich die mitteleuropäische Grundfolge in Zonen verhältnismäßig einheitlicher Pollenführung wider: Nichtbaumpollenzone und Zwergstrauchzone, Birken-Kiefernzone, Haselzone, Eichenmischwaldzone und Buchen- oder Buchen-Tannenzone.

Moräne: Unsortierter Gesteinsschutt aller Korngrößen, der von Gletschern oder Inlandeis mitgeführt und z. B. als markante Hügelkette (Endmoräne) oder flache Schuttschicht (Grundmoräne) abgelagert wird.

Nacheiszeit: → Postglazial

Natürliche Sukzession: Anthropogen nicht gesteuerte, gesetzmäßige zeitliche Abfolge von Pflanzengesellschaften auf einer vegetationsfreien Fläche; in Mitteleuropa führt die natürliche Sukzession fast überall zu Wald als Schlussgesellschaft.

Neokatastrophismus: Allgemeine Bezeichnung für das Phänomen, dass in den naturgeschichtlichen Disziplinen nach der schon fast für selbstverständlich gehaltenen Anwendung des aktualistischen Prinzips (→ Aktualismus) seit der Mitte des 20. Jahrhunderts wieder verstärkt über den Einfluss von Naturkatastrophen auf den Gang der Erdgeschichte (→ Katastrophismus) diskutiert wird. Dazu trug, neben der Entwicklung der Theorie der kosmischen Katastrophen durch den wohl bekanntesten und zugleich umstrittensten Neokatastrophisten des letzten Jahrhunderts, IMMANUEL VELIKOVSKY (siehe Kap. 7.2 im Anhang), vor allem auch die zunehmende Entdeckung von Indizien für verheerende Kometen- und Meteoriteneinschläge auf die Erdoberfläche (→ Impakttheorie) durch verschiedene schulwissenschaftliche Forscher bei.

organogen: Organischen Ursprungs

Paläoanthropologie: Wissenschaft von den fossilen Menschen, insbesondere von deren Entstehung.

Paläontologie: Wissenschaft von der Erforschung des Lebens in der erdgeschichtlichen Vergangenheit.

Sie stützt sich im wesentlichen auf die Untersuchung von → Fossilien.

Paläoökologie: Wissenschaft von der Erforschung vorzeitlicher ökologischer Zusammenhänge.

Palynologie: Wissenschaft von der Erforschung der Pollen und Sporen; → Pollenanalyse.

Periglazialgebiet: Bezeichnung für das Gebiet im Vorfeld von Eismassen mit starker Frosteinwirkung und anderen typischen Erscheinungen und Vorgängen.

Pleistozän: Ältere, auch als »Eiszeitalter« bezeichnete Abteilung des → Quartärs (~2.400.000 bis 10.000 BP). Im Pleistozän soll es infolge absinkender Temperaturen in den Polarregionen zur Bildung zusätzlicher Schnee- und Eismassen gekommen sein, die sich als Gletscher oder Inlandeis in sonst eisfreie Regionen ausdehnten. Das Pleistozän gliedert sich durch → Glaziale und → Interglaziale in mehrere langzeitige und durch → Stadiale und → Interstadiale in mehrere kurzzeitige Klimawechsel. Sämtliche in der konventionellen Literatur diskutierten Hypothesen über die Ursachen der radikalen Klimaveränderungen lassen sich nur schwer mit den biostratigraphischen Befunden in Moor- und Seeablagerungen sowie den Ergebnissen der → Sauerstoff-Isotopenun-

tersuchungen aus Eis- und Tiefseebohrkernen korrelieren. Aus katastrophistischer Sicht wird die Ursache für die dramatischen Klimaveränderungen in abrupten Veränderungen der Erdachse (Polverlagerungen) vermutet.

pleistozäne   Megaherbivoren: Große Pflanzenfresser des Eiszeitalters, wie z. B. Mammut oder Wollnashorn

Pollen: Blütenstaub oder Staubkörner, die bei Samenpflanzen in den Pollensäcken (männlich) der Staubblätter gebildet werden und die bei der Bestäubung auf die Narbe (weiblich) gelangen. Die Pollen werden vom Wind häufig sehr weit verfrachtet. In Moor- und Sedimentablagerungen sind sie unter Luftabschluss nahezu unbegrenzt haltbar und können meistens aufgrund ihrer besonderen Form bestimmten Pflanzenarten oder wenigstens -gattungen zugeordnet werden.

Pollenanalyse: Pollen- und Sporenzählungen an Probereihen, die in dichter Reihenfolge aus Sediment- und Moorablagerungen entnommen werden, sowie deren Ausdeutung, um Informationen über die vegetations- und klimageschichtliche Entwicklung zu erhalten.

Pollendiagramm: Zeichnerische Darstellung der Ergebnisse der → Pollenanalyse

Postglazial: Nacheiszeit. Bezeichnung für den Zeitabschnitt vom Ende der letzten Eiszeit ($\rightarrow$ Würm-Glazial) vor etwa 10.000 Jahren bis heute, entspricht dem $\rightarrow$ Holozän. Es ist allerdings bis heute nicht geklärt, ob das Holozän wirklich eine Nacheiszeit oder ein $\rightarrow$ Interglazial darstellt.

Primärproduktion: Biomasse, die von den grünen Pflanzen aus anorganischen Verbindungen aufgebaut wird.

Quartär: Jüngster Zeitabschnitt (Formation) der Erdgeschichte ($\sim$ 2.400.000 BP bis heute). Er wird in die ältere Abteilung $\rightarrow$ Pleistozän ($\rangle$Eiszeitalter$\langle$) und in die jüngere Abteilung $\rightarrow$ Holozän ($\rangle$Nacheiszeit$\langle$) untergliedert.

Radiokarbonmethode: $\rightarrow$ C14-Methode

Radiometrische Altersbestimmung: Altersdatierung von Gesteinen und organischem Material über den gesetzmäßigen Zerfall von verschiedenen radioaktiven Isotopen (u. a. der Elemente Argon, Blei, Uran). Bei der Interpretation der Ergebnisse wird selten berücksichtigt, dass auch für die radiometrische Altersbestimmung bestimmte, allerdings schwer überprüfbare Grundannahmen erfüllt sein müssen, damit sie exakte Ergebnisse liefern kann. Radiometrische Daten werden hier nicht als Absolutdaten, sondern nur als Relativdaten verwendet.

rezent: Jetztzeitig. Bezeichnung für Lebewesen oder Vorgänge der Gegenwart; vgl. $\rightarrow$ fossil

Sauerstoff-Isotopenanalyse: Methode zur Bestimmung von Klimaveränderungen in der Erdgeschichte. Sie basiert auf dem Phänomen, dass die Werte des Sauerstoffisotopenverhältnisses $^{18}O/^{16}O$ bei der Verdunstung und Kondensation von feuchten Luftmassen von komplexen temperaturabhängigen Fraktionierungsprozessen abhängig sind. Aus der Analyse des Sauerstoff-Isotopenverhältnisses in Tiefseesedimenten und im Gletschereis kann daher in begrenztem Umfang auf die Lufttemperaturen zur Zeit der Ablagerung geschlossen werden.

Sediment: Absatz aus Verwitterungsprodukten älterer Gesteine. Sedimente werden durch Wasser, Wind oder Eis transportiert und abgelagert oder setzen sich aus wässrigen Lösungen ab. Man unterscheidet unverfestigte (lockere) und verfestigte Sedimente.

Späteiszeit: $\rightarrow$ Spätglazial

Spätglazial: Späteiszeit ($\sim$15.000 bis 10.000 BP). Noch zum $\rightarrow$ Pleistozän gehörender, besonders heftigen Klimaschwankungen unterworfener Abschnitt am Ende des letzten → Glazials vor dem Beginn des → Holozäns.

Sporen: Asexuelle Zellen, die der Vermehrung von Moosen, Schachtelhalmen, Bärlappen und Farnen dienen.

Sporomorphe: Gesamtheit der → Pollen und → Sporen

Stadial: Kurze Kälteperiode innerhalb einer größeren Glazialphase

Stratigraphie: Beschreibung, Gliederung und zeitliche Einstufung von Schichtenfolgen; vgl. → Biostratigraphie

submontan: Im Bereich von etwa 800 m über NN gelegene Höhenstufe der Gebirge

thermohaline Zirkulation: An die Temperatur und den Salzgehalt gebundene Oberflächen- und Tiefenströmungen in den Ozeanen. Die thermohaline Zirkulation wird durch Temperatur- und Dichteunterschiede im Wasser angetrieben und kann bei Zufuhr von Süßwasser sehr störanfällig sein. Wegen des mit der Zirkulation verbundenen Wärmetransportes hat sie große Auswirkungen auf das Klima.

Uniformitarismus: Besonders strenge Form des → Aktualismus

Warve: Verschiedenfarbig und -körnig geschichtete Seesedimente. Grundsätzlich unterscheidet man zwischen klastischen und organogenen Warven. Sie können je nach Entstehungsbedingungen Bruchteile von einem Millimeter oder wenige Zentimeter dick sein. Warven aus Schmelzwasserseen zeigen häufig eine Abstufung von gröberem, sandigem Material (›helle Sommerschicht‹) und feinerem, tonigem Material (›dunkle Winterschicht‹). Auch nach konventioneller Auffassung ist umstritten, ob warvig-geschichtete Seesedimente eine Jahresschichtung widerspiegeln und chronologisch verwertbar sind, da solche laminierten Ablagerungen auch durch den täglichen Sonneneinstrahlungswechsel und durch Trübeströmungen bei Stürmen entstehen können.

Würm-Glazial: Letzte Kaltzeit mit Inlandvergletscherung (~115.000 bis 10.000 BP)

Zeitdiktat: In dieser Untersuchung die Bezeichnung für das Phänomen, dass sich die Quartärbotaniker trotz der Vieldeutigkeit des empirischen Materials nicht trauen, ihre vegetationsgeschichtlichen Befunde losgelöst von der – mit zweifelhaften Zeitbestimmungsmethoden datierten – konventionellen Dauer des → Spät- und → Postglazials zu interpretieren.

Abbildungsverzeichnis

Abb. 1.1 (Seite 14): Das klassische Werk »Waldgeschichte Mitteleuropas« von FRANZ FIRBAS

Abb. 2.1 (Seite 16): Pollenkörner der wichtigsten Laubhölzer

Abb. 2.2 (Seite 18): Schematisiertes Durchschnitts-Pollendiagramm für die Vulkaneifel

Abb. 2.3 (Seite 20): Modell des Pollentransportes und der -ablagerung in einem bewaldeten Gebiet

Abb. 2.4 (Seite 24): Muttergesellschaften von Torfen bzw. Bildungsbereiche von Seeablagerungen in Bezug auf ihre Lage zum Wasserstand gekennzeichneten Uferbereichen

Abb. 2.5 (Seite 24): Verlandungsschema eines eutrophen Gewässers

Abb. 2.6 (Seite 28): Ausschnitt aus einem Pollendiagramm aus dem Torfmoor »Grande Pile« in den Vogesen

Abb. 2.7 (Seite 32): Bildung von Bändertonen (Warven) in einem Schmelzwasser-Staubecken vor dem zurückweichenden Gletscherrand

Abb. 2.8 (Seite 38): Das Überbrückungsverfahren mit Jahrringkurven

Abb. 3.1 (Seite 42): Vegetation Europas um 20.000 BP im Würm-Hochglazial zur Zeit maximaler Eisausdehnung

Abb. 3.2 (Seite 44): Typische Übersicht über die holozäne und spätglaziale Vegetations- und Klimaentwicklung im nordwestlichen Mitteleuropa

Abb. 3.3 (Seite 48): Tephrochronologische Konnektierung von Pollenprofilen aus Seeablagerungen zwischen Oberitalien und der Ostsee anhand der Laacher-See-Tephra

Abb. 3.4 (Seite 50): Verbreitung und Schichtmächtigkeit der Laacher-See-Tephra in europäischen See- und Moorablagerungen

Abb. 3.5 (Seite 52): Schematische Darstellung der BLYTT-SERNANDERschen Klimaperioden an der nacheiszeitlichen Entwicklung eines skandinavischen Hochmoores

Abb. 3.6 (Seite 54): Chronostratigraphische Gliederung des Spät- und Postglazials

Abb. 3.7 (Seite 56): Pollendiagramm vom Görbelmoos bei Weßling

Abb. 3.8 (Seite 60): Zusammenstellung von C14-Daten einer Alleröd-Kiefern-Jahrringchronologie aus der Lehmgrube »Dättnau« in der Schweiz

Abb. 4.1 (Seite 66): Natürliche Sukzession in Kiefernwäldern auf nährstoffreichen pleistozänen Sanden im atlantischen Klimaraum Niedersachsens

Abb. 4.2 (Seite 68): Zögerliche nacheiszeitliche Einwanderung des ›Spätheimkehrers‹ Rotbuche

Abb. 4.3 (Seite 70): Historische Wandergeschwindigkeiten wichtiger mittel- und nordeuropäischer Gehölze im Spätglazial und Holozän

Abb. 4.4 (Seite 74): Zeitliche Diskrepanz zwischen Einwanderung und Massenausbreitung der Rotbuche, dargestellt anhand ausgewählter Histogramme

Abb. 4.5 (Seite 80): Sauerstoff-Isotopenkurven von Tiefseesedimenten während der letzten 140.000 Jahre und Gliederung in Isotopenstadien

Abb. 4.6 (Seite 82): Sauerstoff-Isotopenkurve der letzten 13.000 Jahre aus dem grönländischen Gletschereis

Abb. 4.7 (Seite 84): Zusammenhang zwischen dem Meeresspiegelanstieg und Klimawechseln nach Untersuchungen an karibisch-atlantischen Korallen

Abb. 4.8 (Seite 86): Sauerstoff-Isotopenkurve der letzten 250.000 Jahre aus einem grönländischen Eisbohrkern

Abb. 4.9 (Seite 100): Allgemeine Zuordnung von klima-, bio- und archäostratigraphischen Abschnitten im Spät- und Postglazial

Abb. 4.10 (Seite 100): Ausbreitung neolithischer Bauernkulturen vom Kerngebiet im »Fruchtbaren Halbmond« in Südanatolien nach Europa und Afrika

Abb. 4.11 (Seite 102): Anteil des Pollens krautiger Pflanzen am Gesamtpollenniederschlag vom Neolithikum bis zum Mittelalter in drei süddeutschen Pollenprofilen als Maß für die menschliche Beeinflussung der Landschaft

Abb. 5.1 (Seite 108): Pollenkurven von Ulme und Tanne aus drei Mooren am Auerberg in Südbayern

Abb. 5.2 (Seite 110): Schematisches Pollendiagramm aus dem Horbacher Moor im Schwarzwald

Abb. 5.3 (Seite 116): Nacheiszeitliche Wiederausbreitung der Rotbuche in Europa

Abb. 5.4 (Seite 116): Wahrscheinliche natürliche Holzartenzusammensetzung der submontanen Stufe in Mitteleuropa in Abhängigkeit von Wasser und Nährstoffhaushalt

Abb. 5.5 (Seite 118): Überraschend schnelle nacheiszeitliche Einwanderung der Hasel

Abb. 5.6 (Seite 122): Neueres Modell der Samenverbreitung

Literatur

A

Alvarez, Luis, W., Alvarez, Walter, Asaro, Frank & Michel, Helen V. (1980): Extraterrestrial Cause for the Cretaceous-Tertiary Extinction; – In: Science 208, 1095-1108

Averdiek F.-R. (^{3}1990) : Der Entwicklungsgang im zeitlichen Ablauf. – In: Göttlich, K., Hg.: Moor- und Torfkunde; Stuttgart, 114-155

B

Barber, D. C., Dyke, A., Hillaire-Marcel, C., Jenning, A. E., Andrews, J. T., Kerwin, M. W., Bilodeau, G., McNeely, R., Southon, J., Morehead, M. D. & Gagnon, J.-M. (1999): Forcing of the cold event of 8.200 years ago by catastrophic drainage of Laurentide lakes; – In: Nature 400, 344-348

Bauer, Friederich (1962): Waldbau als Wissenschaft; München

Becker, Luann (2002): Tödliche Treffer in Serie; – In: Spektrum der Wissenschaft, H. 7, 60-69

Berger, W. H. (1991): On the extinction of the mammoth: Science and Myth; – In: Müller, D. W., Mckenzie, J. A. & Weissert, H., Hg.: Controversies in Modern Geology. Evolution of Geological Theories in Sedimentology, Earth History and Tectonics; London, 115-132

Bissoli, Peter (1993): Ende der letzten Eiszeit; – In: Naturwissenschaftliche Rundschau 46 (11), 453-454

Blöss, Christian (1991): Planeten, Götter, Katastrophen – Das neue Bild vom kosmischen Chaos; Frankfurt/M.

□ (2000): Ceno-Crash. Neue Überlegungen zum Ursprung und zum Alter des Menschengeschlechtes; Berlin

Blöss, Christian & Niemitz, Hans-Ulrich (1998a): Die schwedische Warwenchronologie – Kritik der Altersbestimmungen für das Quartär I; – In: Zeitensprünge 10 (2), Gräfelfing, 320-344

□ (1998b):»Postglaziale« Warwenchronologien – Kritik der Altersbestimmungen für das Quartär II; – In: Zeitensprünge 10 (3), Gräfelfing, 388-409

□ (1998c):»Postglaziale« Gletschervorstöße – Kritik der Altersbestimmungen für das Quartär III; – In: Zeitensprünge 10 (4), Gräfelfing, 568-585

□ (^{2}2000): C14-Crash. Das Ende der Illusion, mit Radiokarbonmethode und Dendrochronologie datieren zu können; Berlin

□ (2002):»C14-Crashkursus«; – In: Zeitensprünge 14 (3), Gräfelfing

Bogaard, Paul van den & Schmincke, Hans-Ulrich (1988): Aschelagen als quartäre Zeitmarken in Mitteleuropa; – In: Die Geowissenschaften 6 (3), 75-84

Bonn, Susanne & Poschlod, Peter (1998): Ausbreitungsbiologie der Pflanzen Mitteleuropas. Grundlagen und kulturhistorische Aspekte; Wiesbaden

Bork, Hans-Rudolf, Bork, Helga, Dalchow, Claus, Faust, Berno, Piorr, Hans-Peter & Schatz, Thomas (1998): Landschaftsentwicklung in Mitteleuropa. Wirkungen des Menschen auf Landschaften; Gotha & Stuttgart

Broecker, Wallace S. (1996): Plötzliche Klimawechsel; – In: Spektrum der Wissenschaft, H. 1, 86-94

Bunzel-Drüke, Margret (1997): Klima oder Übernutzung – Wodurch starben Großtiere am Ende des Eiszeitalters aus? – In: Gerken, B. & Meyer, C., Hg.: Vom Waldinnensaum zur Hecke – Geschichte, Situation und Perspektiven eines Natur-Lebensraum-Gefüges; (Natur- und Kulturlandschaft 2), Höxter, 152-193

Burga, Conradin A. & Perret, Roger (1998): Vegetation und Klima der Schweiz seit dem jüngeren Eiszeitalter; Thun

Burschel, Peter (1979): Der Waldbau; – In: Stern, Horst, Hg.: Rettet den Wald; München, 199-252

C

Calder, Nigel (1997): Die launische Sonne widerlegt Klimatheorien; Wiesbaden

Caspers, Gerfried, Freund, Holger, Kleimann, Angelika, & Merkt, Josef (1999): Das Klima im Quartär; – In: Boetzkes, M., Schweitzer, I. & Vespermann, J., Hg.: Eis-Zeit – Das große Abenteuer der Naturbeherrschung; Hildesheim & Stuttgart, 77-94

Courtillot, Vincent E. (1997): Die Kreide-Tertiär-Wende: verheerender Vulkanismus? – In: Spektrum der Wissenschaft, Digest 5, 113-122

▫ (1999): Das Sterben der Saurier – Erdgeschichtliche Katastrophen; Stuttgart

Couvenberg, John, de Klerk, Pim, Endtmann, Elisabeth, Joosten, Hans & Michaelis, Dierk (2001): Hydrogenetische Moortypen in der Zeit – eine Zusammenschau; – In: Succow , M. & Joosten, H., Hg.: Landschaftsökologische Moorkunde; Stuttgart, 399-403

D

Daansgard, Willi, Johnson, S. J., Clausen, H. B., Dahl-Jensen, D., Gundestrup, N. S., Hammer, C. U., Hvidberg, C. S., Steffensen, J. P., Sveinbjörnsdottir, J., Jouzel, J. & Bond, G. (1993): Evidence for general instability of past climate from a 250-kyr ice-core record; – In: Nature 364, 218-220

Davis, B. Margret & Shinya, Sugita (1997): Reinterpreting the fossil record of Holocene tree migration; – In: Huntley, B. et al., Hg.: Past and Future Rapid Enviromental Changes. The Spatial and Evolutionary Responses of Terrestrial Biota; Berlin, Heidelberg, New York

Delcourt, Hazel R. & Delcourt, Paul A. (1991): Quaternary Ecology; Cornwall

DeWiel, Frederik (1995): Unruhiges Ende der Eiszeit; – In: Naturwissenschaftliche Rundschau 48 (9), 358-359

Dierßen, Klaus (1996): Vegetation Nordeuropas; Stuttgart

E

Ellenberg, Heinz ([5]1996): Vegetationsgeschichte Mitteleuropas mit den Alpen in öko-
logischer, dynamischer und historischer Sicht; Stuttgart
Engelhardt, Wolf von & Zimmermann, Jörg (1982): Theorie der Geowissenschaft; Pa-
derborn
Ewe, Thorwald (2002): Durch Mutation in die Moderne; – In: bild der wissenschaft,
H. 7, 22-28

F

Feyerabend, Paul (1976): Wider den Methodenzwang; Frankfurt/M.
Firbas, Franz (1949): Spät- und nacheiszeitliche Waldgeschichte Mitteleuropas nördlich der Alpen; Bd. 1: Allgemeine Waldgeschichte; Jena
◻ (1952): Spät- und nacheiszeitliche Waldgeschichte Mitteleuropas nördlich der Alpen; Bd. 2: Waldgeschichte der einzelnen Landschaften; Jena
Frenzel, Burghard (1977): Postglaziale Klimaschwankungen im südwestlichen Mitteleuropa; – In: Frenzel, B., Hg.: Dendrochronologie und postglaziale Klimaschwankungen in Europa; Wiesbaden, 297-322
◻ (1987): Grundprobleme der Vegetationsgeschichte Mitteleuropas während des Eiszeitalters; – In: Mitteilungen der Naturforschenden Gesellschaft Luzern 29, 99-122
Friedrich, M. (2000): Eine tausendjährige Kiefern-Jahrringchronologie des Bölling-
Alleröd-Interstadials Mitteleuropas – Ein Beitrag zur Klimageschichte des Spätglazials (siehe http://www.uf.uni-erlangen.de/obermaier/summaries_2000.html).

G

Gams, Helmut & Nordhagen, Rolf (1923): Postglaziale Klimaänderungen und Erd-
krustenbewegungen in Mitteleuropa; München
Ganopolski, Andrey & Rahmstorf, Stefan (2001): Rapid changes of glacial climate si-
mulated in a coupled climate model; – In: Nature 409, 153-158
Gerken, Bernd & Görner, Martin (1999): Ein Essay über Mensch, Wissenschaft und
Natur. – In: Gerken, B. & Görner, M., Hg.: Europäische Landschaftsentwicklung
mit großen Weidetieren. Geschichte, Modelle Perspektiven; (Natur- und Kulturlandschaft 3), Höxter & Jena, 10-13
Geiser, Remigius (1992): Auch ohne Homo sapiens wäre Mitteleuropa von Natur aus
eine halboffene Weidelandschaft; – In: Laufener Seminarbeiträge, H. 2, 22-34
Gliemeroth, Anne Kathrin (1995): Paläoökologische Untersuchungen über die letzten
22.000 Jahre in Europa: Vegetation, Biomasse und Einwanderungsgeschichte der
wichtigsten Waldbäume; Jena
◻ (1997): Holozäne Einwanderungsgeschichte der Baumgattungen Picea und Quercus unter paläoökologischen Aspekten nach Europa; – In: Eiszeitalter und Gegenwart 47, Hannover, 28-41
Gould, Stephen, J. (1990, zuerst 1987): Die Entdeckung der Tiefenzeit – Zeitpfeil
oder Zeitzyklus in der Geschichte unserer Erde; München & Wien

Grazia, Alfred, de (1979): Immanuel Velikovsky – Die Theorie der kosmischen Katastrophen (Originaltitel der amerikanischen Ausgabe aus dem Jahre 1966: The Velikovsky Affair); München

Groß, H. (1931): Das Problem der nacheiszeitlichen Klima- und Florenentwicklung in
Nord- und Mitteleuropa; – In: Beihefte zum Botanischen Centralblatt XLVII,
Dresden, 1-110

Grüger, Eberhard (1979): Comment on »Grande Pile peat bog: A continuous pollen
record for the last 140.000 years« by G. M. Woillard. – In: Quaternary Research
12, 152-153

Guyan, W. U. (1977) : Archäologie und Dendrochronologie der jungsteinzeitlichen
Moordörfer Thayangen-Weier ; – In: Frenzel, B., Hg.: Dendrochronologie und
postglaziale Klimaschwankungen in Europa; Wiesbaden, 126-142

H

Hammen, T. van der, Maarleveld, G.C., Vogel, J.C. & Cagwijn, W.H. (1967): Strati-
graphy, climatic succession and radiocarbon dating of the last Glacial in the
Netherlands; – In: Geologie en Mijnbouw 46, 79-95

Hard, Gerhard (1982): Ausbildung in einer diffusen Disziplin; – In: Karlsruher Manu-
skripte zur Mathematischen und Theoretischen Wirtschafts- und Sozialgeographie
55

Heinsohn, Gunnar (1996): Venushitze und Erderwärmung. – In: Zeitensprünge 8 (2),
Gräfelfing, 223

▫   (³2000): Wie alt ist das Menschengeschlecht? Stratigraphische Gliederung der Paläoanthropologie und der Vorzeit; Gräfelfing

Heinrich, Hartmut (1988): Origin and consequences of cyclic ice rafting in the north-
east Atlantic Ocean during the past 130.000 years; – In: Quaternary Research 29,
143-152

Hewitt, Godfrey M. (2000): The genetic legacy of the Quaternary Ice Ages; – In: Nature 405, 907-913

Hölder, Helmut (1989): Kurze Geschichte der Geologie und Paläontologie; Berlin

Hopf, Maria (1978): Frühe Kulturpflanzen in Südeuropa; – In: Berichte der Deutschen Botanischen Gesellschaft; Bd. 91, Stuttgart, 31-38

Hsü, Kenneth J. (2000): Klima macht Geschichte – Menschheitsgeschichte als Abbild
der Klimaentwicklung; Zürich

▫   (1986): Die letzten Jahre der Dinosaurier – Meteoriteneinschlag, Massensterben
und die Folgen für die Evolutionstheorie; Basel

Huntley, Brian (1988): Glacial and Holocene Vegetation History – 20 ky to present.
Europe; – In: Huntley B. & Webb III, T., Hg.: Vegetation history; Dordrecht,
Boston & London, 341-384

I

Illig, Heribert (1988): Die veraltete Vorzeit – Eine neue Chronologie der Prähistorie;
Frankfurt/M.

▫ (1992): Chronologie und Katastrophismus – Vom ersten Menschen bis zum drohenden Asteroideneinschlag; Gräfelfing
▫ (1994): Hat Karl der Große je gelebt? Bauten, Funde und Schriften im Widerstreit; Gräfelfing
▫ (1999): Wer hat an der Uhr gedreht? Wie 300 Jahre Geschichte erfunden wurden; München
Illig, Heribert & Anwander, Gerhard (2002): Bayern und die Phantomzeit. Archäologie widerlegt Urkunden des frühen Mittelalters. Eine systematische Studie in zwei Teilen; Gräfelfing

J

Joosten, Hans & Succow, Michael (2001): Hydrogenetische Moortypen. – In: Succow, M. & Joosten, H., Hg.: Landschaftsökologische Moorkunde; Stuttgart, 234-240
Juergens, E. Ralph (1979): Meinungen im Chaos; – In: Grazia, Alfred de (1979): Immanuel Velikovsky – Die Theorie der kosmischen Katastrophen; München, 23-57
Jux, Ulrich (1990): Faunen des quartären Eiszeitalters; – In: Liedtke, H., Hg.: Eiszeitforschung; Darmstadt

K

Kaiser, Klaus Felix (1993): Beiträge zur Klimageschichte vom späten Hochglazial bis ins frühe Holozän, rekonstruiert mit Jahrringen und Molluskenschalen aus verschiedenen Vereisungsgebieten; Eidgenössische Forschungsanstalt für Wald, Schnee und Landschaft; Birmensdorf
Klärner, Diemut (2001): Die Buche – Herrscherin auch unter der Erde; – In: FAZ vom 17.10.2001, N 3
Koenigswald, Wighart von (1999): Hat der Mensch das Aussterben der großen pleistozänen Pflanzenfresser verursacht? – In: Kaupia, Darmstädter Beiträge zur Naturgeschichte, H. 9, 193-201
▫ (1998): Nachwort eines europäischen Paläontologen; – In: Ward, P. D.: Ausgerottet oder ausgestorben? Warum die Mammuts die Eiszeit nicht überleben konnten; Basel, 237-252
Körber-Grohne, Udelgard (1979): Nutzpflanzen und Umwelt im römischen Germanien; – In: Kleine Schriften zur Kenntnis der römischen Besetzungsgeschichte Südwestdeutschlands 21, Landesmuseum Stuttgart
Koppisch, Dorothea (2001): Torfbildung; – In: Succow, M. & Joosten, H., Hg.: Landschaftsökologische Moorkunde; Stuttgart, 8-12
Kubitz, Beate (2000): Die holozäne Vegetations- und Siedlungsgeschichte in der Westeifel am Beispiel eines hochauflösenden Pollendiagrammes aus dem Meerfelder Maar; Dissertationes Botanicae 339, Stuttgart
Küster, Hansjörg (1988): Vom Werden einer Kulturlandschaft. Vegetationsgeschichtliche Studien am Auerberg; Weinheim

▫ (1994): Pollenanalyse als Methode in der Umweltgeschichte; – In: Bayerl, Günther, Hg.: Umweltgeschichte – Methoden, Themen, Potentiale; Münster & New York, 31-40
▫ (1995): Geschichte der Landschaft in Mitteleuropa. Von der Eiszeit bis zur Gegenwart; München
▫ (1998): Geschichte des Waldes von der Urzeit bis zur Gegenwart; München
▫ (2000): Waldentwicklung in Süddeutschland; – In: Rundgespräche der Kommission für Ökologie 18, 91-100
Kuhn, Thomas, S. (1967): Die Struktur wissenschaftlicher Revolutionen; Frankfurt/M.

L

Lamb, Simon & Sington, David (2000): Die Erdgeschichte – Eine Spurensuche durch Jahrmillionen; Köln
Lambert, André & Hsü, Kenneth J. (1979): Non-annual cycles of varve-like sedimentation in Walensee, Switzerland; – In: Sedimentology 26, 453-461
Lang, Gerhard (1994): Quartäre Vegetationsgeschichte Europas. Methoden und Ergebnisse; Stuttgart
Leuschner, Christoph (1994): Waldynamik auf Sandböden in der Lüneburger Heide (MW-Deutschland); – In: Phytocoenologia 22 (3), 289-324, Berlin & Stuttgart
Lewis, John S. (1997): Bomben aus dem All – Die kosmische Bedrohung; Basel
Lischke, Heike, Ammann, Brigitte, Roberts, David, W. & Zimmermann, Niklaus E. (1999): Developing a physiologically mechanistic tree migration model and simulating Holocene spread of forest trees (siehe http://www.wsl.ch/staff/niklaus.zimmermann/laasim/ treemig.html, 1-33)
Lister, G. S. (1998): Seesedimente als natürliche Archive umweltrelevanter Ereignisse; – In: Burga, Conradin A. & Perret, Roger: Vegetation und Klima der Schweiz seit dem jüngeren Eiszeitalter; Thun, 25-28
Litt, Thomas (2000): Waldland Mitteleuropa – die Megaherbivorentheorie aus paläobotanischer Sicht. – In: Berichte aus der Bayerischen Landesanstalt für Wald und Forstwirtschaft 27, Freising, 49-64

M

Marx, Christoph (1982): Anhang zur deutschen Neuausgabe; – In: Velikovsky, I. (1982): Welten im Zusammenstoß; Frankfurt/M., 343-348
May, Thomas (1993): Beeinflußten Großsäuger die Waldvegetation der pleistozänen Warmzeiten Mitteleuropas? – In: Natur und Museum 123 (6), Frankfurt/M., 157-170
Menting, Georg (1998): Ist die spät- und postglaziale Waldgeschichte zu lang? – In: Zeitensprünge 10 (3), Gräfelfing, 352-382
▫ (1998a): Der Einfluss des Menschen auf die nacheiszeitliche Waldgeschichte Mitteleuropas; – In: Zeitensprünge 10 (4), Gräfelfing, 536-567
▫ (1999): Tod und Leben großer Säuger; – In: Zeitensprünge 11 (1), Gräfelfing, 7-36

▫ (1999a): Der Naturschutz und die Großsäuger; – In: Naturschutz und Landschafts-
   planung 31 (8), 252-253
▫ (2000): Überlegungen zum Aussterben der pleistozänen Megafauna; – In: Natur
   und Museum 130 (7), 201-212
Michiels, Hans-Gerd (2000): Besprechung des Buches »Geschichte des Waldes – Von
   der Urzeit bis zur Gegenwart« von Hansjörg Küster; – In: Mitteilungen des Ver-
   eins für Forstliche Standortkunde und Forstpflanzenzüchtung 40, Freiburg
Müller-Karpe, Hermann (1998; zuerst 1974): Geschichte der Steinzeit; München

N

Nathan, Ran, Katul, Gabriel G., Horn, Henry S., Thomas, Suvi M., Oren, Ram, Assi-
   var, Roni, Pascala, Stephan W. & Levin, Simon A. (2002): Mechanisms of long-
   distance dispersal of seeds by wind. – In: Nature 418, 409-413

O

Oldroyd, David R. (1998): Die Biographie der Erde. Zur Wissenschaftsgeschichte der
   Erde; Frankfurt/M.
Otto, Hans-Jürgen (1994): Waldökologie; Stuttgart
Overbeck, Fritz (1975): Botanisch-geologische Moorkunde unter besonderer Berück-
   sichtigung der Moore Nordwestdeutschlands als Quellen zur Vegetations-, Klima-
   und Siedlungsgeschichte; Neumünster

P

Pfister, Christian (1984): Das Klima der Schweiz von 1525-1860 und seine Bedeu-
   tung in der Geschichte von Bevölkerung und Landwirtschaft; Bd. 1, Bern
Pielou, E. C. (1991): After the Ice Age; the return of life to glaciated North America;
   The University of Chicago Press
Pitman, Walter & Ryan, William (1999): Sintflut – Ein Rätsel wird entschlüsselt; Ber-
   gisch Gladbach
Pott, Richard (1993): Farbatlas Waldlandschaften. Ausgewählte Waldtypen und
   Waldgesellschaften unter dem Einfluss des Menschen; Stuttgart
▫ (1997): Von der Urlandschaft zur Kulturlandschaft – Entwicklung und Gestaltung
   mitteleuropäischer Kulturlandschaften durch den Menschen; – In: Verhandlungen
   der Gesellschaft für Ökologie 27, 5-26
▫ (2000): Die Entwicklung der europäischen Buchenwälder in der Nacheiszeit; – In:
   Rundgespräche der Kommission für Ökologie 18, 49-75

R

Rahmstorf, Stefan (2001): Warum das Eiszeitklima Kapriolen schlug; – In: Spektrum
   der Wissenschaft, H. 9, 12-15
Remmert, Hermann (1989): Ökologie. Ein Lehrbuch; Berlin
Rieppel, Olivier (1985): Der neue Katastrophismus – Fakten und Interpretation; – In:
   Naturwissenschaften 72, 619-626

Röthlisberger, Friederich (1986): 10.000 Jahre Gletschergeschichte der Erde. Ein Vergleich zwischen Nord- und Südhemisphäre; Frankfurt/M.

Rudolph, Karl (1931): Grundzüge der nacheiszeitlichen Waldgeschichte Mitteleuropas; – In: Beihefte zum Botanischen Centralblatt XLVII, Dresden, 111-176

Rust, Alfred (1976): Die sakrale Ausdeutung der eiszeitlichen Kulturreste aus dem Ahrensburger Tunneltal; – In: Stomarner Hefte, Nr. 3, Neumünster, 1-59

S

Sarntheim, Michael, Winn, K., Jung, S., Duplessy, J. C., Labeyrie, L., Erlenkeuser, H. & Ganssen, G. (1994): Changes in East-Atlantik deepwater circulation over the last 30.000 years – An eight-time-slice record; – In: Paleoceanography 9, 209-267

Scherf, Heinz (2000): Samenverbreitung durch Wildschweine; – In: Naturwissenschaftliche Rundschau 53 (4), 190-191

Schibler, Jörg, Jacomet, Stefanie, Hüster-Plogmann, Heidemarie & Brombacher, Christoph (1997): Economic crash in the 37th and 36th century BC cal in neolithic lake shore sites in Switzerland; – In: Anthropozoologica 25-26, 553-570

Schmidt, Burghardt & Gruhle, Wolfgang (1988): Klima, Radiokohlenstoffgehalt und Dendrochronologie; – In: Naturwissenschaftliche Rundschau 41 (5), 177-182

Schütrumpf, Rudolph (1971): Neue Profile von Köln-Merheim – Ein Beitrag zur Waldgeschichte der Kölner Bucht; – In: Kölner Jahrbuch für Vor- und Frühgeschichte 12, 7-20

Schütrumpf, Rudolph & Schmidt, B. (1977): Die Zusammenarbeit zwischen Vegetationsgeschichte und Dendrochronologie; – In: Frenzel, B., Hg.: Dendrochronologie und postglaziale Klimaschwankungen in Europa; Wiesbaden, 28-41

Schwaar, Jürgen (1988): Nacheiszeitliche Waldentwicklung in der Lüneburger Heide; – In: Jahrbuch Naturw. Verein Fstm. Lüneburg 38, 25-46

Schwabedissen, Hermann (1977): Archäologische Chronologie des 2. vorchristlichen Jahrtausends und Jahrring-Korrektur der C14-Daten; – In: Frenzel, B., Hg.: Dendrochronologie und postglaziale Klimaschwankungen in Europa; Wiesbaden, 119-115

Schweingruber, Fritz Hans (1983): Der Jahrring: Standort, Methodik, Zeit und Klima in der Dendrochronologie; Bern & Stuttgart

◻   (1993): Jahrringe und Umwelt. Dendroökologie; Birmensdorf

Smolla, Günter (1954): Der»Klimasturz« um 800 vor Chr. und seine Bedeutung für die Kulturentwicklung in Südwestdeutschland; – In: Tübinger Beiträge zur Vor- und Frühgeschichte (Festschrift für Peter Goessler),168-186

Speetzen, Eckhard (1986): Das Eiszeitalter in Westfalen; – In: Einführung in die Vor- und Frühgeschichte Westfalens, H. 6, Westfälisches Museum für Archäologie, Münster

Spurk, Marco, Kromer, Bernd & Peschke, Peter (1999): Dendrochronologische, palynologische und Radiokarbon-Untersuchungen eines Waldes aus der Jüngeren Tundrenzeit; – In: Quartär – Jahrbuch für die Erforschung des Eiszeitalters und der Steinzeit 49/50, 34-38

Straka, Herbert (²1970): Arealkunde. Floristisch-historische Geobotanik; Stuttgart
▫ (1975): Pollen- und Sporenkunde. Eine Einführung in die Palynologie; Stuttgart
Succow, Michael & Joosten, Hans (2001): Zum Begriff »Moor« und vom Wesen der
    Moore; – In: Succow, M. & Joosten, H., Hg.: Landschaftsökologische Moorkunde;
    Stuttgart, 2-3

T

Tönnießen, Jens (1999): Die Wälder im Naturschutzgebiet »Lüneburger Heide«;
    http://home.t-online.de/ home/toenniessen-heidetal/wald.htm
Toulmin, Stephen & Goodfield, June (1985): Entdeckung der Zeit; Frankfurt/M.
Türk, Winfried (1997): Die Hainbuche in der realen und der potentiellen natürlichen
    Vegetation Mitteleuropas unter besonderer Berücksichtigung Bayerns (siehe
    http://www.lwf.uni-muenchen.de/veroef/veroef97/lwfbericht12/text.htm)

U

Urey, Harold, C. (1973): Cometary Collisions und Geological Periods; – In: Nature
    242, 32-33

V

Vaas, Rüdiger (1995): Der Tod kam aus dem All: Meteoriteneinschläge, Erdbahn-
    kreuzer und der Untergang der Dinosaurier; Stuttgart
Velikovsky, Immanuel (1982, zuerst 1950): Welten im Zusammenstoß; Frankfurt/M.
▫ (1983, zuerst 1956): Erde im Aufruhr; Frankfurt/M.

W

Webb, Sara L. (1986): Potential Role of Passenger Pigeons and Other Vertebrates in
    the Rapid Holocene Migrations of Nut Trees; – In: Quaternary Research 26, 367-
    375
Wegmüller, S. (1984): Zur Ausbreitungsgeschichte von Buxus sempervirens, L. im
    Spät- und Postglazial in Süd- und Mitteleuropa; – In: Lang, G., Hg.: Festschrift für
    Max Welten; Vaduz, 333-344
Woillard, Geneviève M. (1978): Grande Pile Peat Bog: A continuous Pollen Record
    for the last 140.000 Years; – In: Quaternary Research 9, 1-21
▫ (1979): The last Interglazial-Glacial Cycle at Grande Pile in northeastern France; –
    In: Bulletin de la Société Belge de Geologie 88, 51-69
Woldstedt, Paul (²1954): Das Eiszeitalter – Grundlinien einer Geologie des Quartärs;
    Bd. 1: Die allgemeinen Erscheinungen des Eiszeitalters; Stuttgart

Z

Zillmer, Hans-Joachim (2001): Irrtümer der Erdgeschichte; München
Zimmermann, Andreas (1996): Zur Bevölkerungsdichte in der Urgeschichte Mitteleu-
    ropas; – In: Tübinger Monographien zur Urgeschichte 11, 49-61

Zoller, Heinrich & Haas, N. (1995): War Mitteleuropa ursprünglich eine halboffene
    Weidelandschaft oder von geschlossenen Wäldern bedeckt? – In: Schweizerische
    Zeitschrift für Forstwesen 146 (5), 321-354
Züchner, Christian (2001): Archäologische Datierung – Eine antiquierte Methode zur
    Altersbestimmung von Felsbildern? – In: Quartär – Jahrbuch für die Erforschung
    des Eiszeitalters und der Steinzeit 51/52, 107-114

Personen- und Sachregister

A

Ablagerungen 26, 31, 152
  laminierte 30, 33
  limnische 25
  Meeres- 140
  See- 30, 153
  telmatische 25
Ackerbau 90, 111
Ahorne 19, 21, 46, 64
Aktualismus 129-138, 144, 146
Alleröd 29, 47, 49, 51, 57, 59 f, 81, 125
Allmählichismus 131, 134, 144
Alluvium s. Holozän
Altersbestimmung 151
Alvarez, Luis W. 133
Alvarez, Walter 133
Anderson, Gunnar 77
anthropogen 144
Anthropogener Faktor s. Humanfaktor
Arve 65, 67
Atlantikum 29, 35, 47, 51 f, 54, 90, 94, 105 f, 111, 125, 127
Atmosphäre 36
Ausbreitung
  hydrochore 120
  zoophore 120

B

Bänderton s. Warve
Barber, D.C. 90
Baumringe s. Dendrochronologie
Bergulmen 47
Biostratigraphie 49, 144
Birken 21, 46, 63 ff., 67, 76, 81, 119, 127
Blöss, Christian 39, 58, 60, 62, 133
Blühreifealter 71
Blytt, A. 49, 51 f
Bodenentwicklung 65, 75
Bölling 29, 51, 59, 81

Bohrkerne
  Eis- 78 f, 81 f, 86, 90
  Moor- 34
  Tiefsee- 79 f
Boreal 47, 51 f, 54, 104, 111, 127
Borstenkiefern 37, 39
BP 144
Bronzezeit 87, 103, 112
Brückner, Eduard 57
Brueghel, Pieter 85
Buchen 21, 46, 63 f, 66 f, 69, 73, 75, 78, 83, 94, 101, 104 f, 109-117, 119, 123, 125
  -klima 78, 83
Buchecker 114
Buchsbäume 123
Buckland, William 129
Burga, Conradin 27

C

Calder, Nigel 96
Chronologie 7
  ägyptische 62
  Baumring- 37
  Eichen- 87
  -kalibrierung 39
  Warven- 57
Chronostratigraphie 54
Couvenberg, John 29
CRE = catastrophic rise events 81, 84
Cuvier, Georges 129, 148
C14
  -Alter 61, 105
  -Methode 36-41, 58, 62, 85, 144 f
  kalibrierte 58, 62
  -Revolution 62

D

Daansgard, Willi 81
Darwin, Charles 131, 144
Datierung 30, 36-41, 112
  absolute 55, 58 f
  relative 40 f, 85

Methoden der 7, 30
Dendrochronologie 37-41, 59 f, 87, 145
Diasporen 146
Diluvium 131, 146
Dinosaurier-Impakt 132 ff.
D/O-Events 81, 140 f
Dryas 49, 51, 57, 59, 81, 86, 91, 93, 140
    Silberwurz 51

E

edaphisch 146
Eem-Interglazial 34, 146
Eichen 19, 21, 37, 39, 46 f, 63 f, 72, 87
    f, 94, 109, 114 f, 127
    -hudewald 75, 115
    -klima 78, 83
    -mischwald 19, 43, 46, 53, 69, 75 f,
    78, 83, 94, 109-113, 124 f
    -zeit 47
Eisenzeit 87, 103, 112
Eis
    -rückzug 40, 57
    -stauseen 90
    -zeit, 'kleine' (1310-1850) 85, 87
    -zeit, 'Mini-' 90
    -zeit-Ende 81, 89, 138-142
    Wisconsin- 93
Ellenberg, Heinz 103
Erlen 21, 25, 65, 67, 94
Erosion 146
Eschen 19, 46, 64, 94, 106
Espen 64
Extremjahr (1342) 85

F

Feyerabend, Paul 8, 11
Fichten 17, 21, 45 f, 63, 65, 67, 72 f, 93
    f, 123 f
Firbas, Franz 13 f, 44, 46, 49, 53, 65, 67,
    69, 73, 75 ff., 92, 99, 107, 120, 124 f
Fossil 146
Frenzel, Burghard 83, 112
Friedrich, M. 61

'Frühling, mittelalterlicher' 85
Fundamentalprinzip 39

G

Gams, Helmut 89
Ganopolski, Andrey 141
Geer, Gerard de 30 f, 57
Gehölze
    Halbschatten- 64
    Licht- 64
    mesokratische 63, 69 f
    protokratische 63 f, 119
    Schatten- s. Schatthölzer
    telokratische 63, 69 f
    Wandergeschwindigkeit 69-73, 119
    Wanderungsverhalten 69
Geologie 146 f
Geomorphologie 147
Geschiebemergel 147
glaziär 147
glazial 147
Gletscherrückzug s. Eisrückzug
Gliemeroth, Anne Kathrin 45, 73, 124
Görbelmoos 56
Gould, Stephen J. 133
Grand Pile, Torfmoor 9, 28, 34
Grenzhorizont 61 f
Grönlandeis 82, 84, 86, 90
Gruhle, Wolfgang 87 f
Grundfolge der Waldentwicklung 46
Grundsukzession der Waldentwicklung
    46, 49, 53, 149
Guyan, W.U. 62
Gyttja 29

H

Hainbuchen 17, 46, 63, 69, 94
Hallstatt-Zeit 87 f
    -desaster 88
Hard, Gerhard 8
Hasel 21, 43, 45 f, 63, 72, 76, 94, 98 f,
    104, 113, 118 ff., 127
    -zeit 47

Heinrich, Hartmut 139
Heinsohn, Gunnar 96, 101, 133
Hochglazial 147
Hölder, Helmut 131
Holozän 28, 147 u. passim
Horbacher Moor 110
Hsü, Kenneth J. 31, 33
Humanfaktor 95-99, 102, 106-109, 111 f, 114 f, 117
Humifizierung 147
Huntley, Brian 96
Hutton, James 129, 144
Hydraturverhältnisse 78
Hydrologie 147

I

Illig, Heribert 29, 62, 87, 92, 101, 134
Impakt 132 ff.
 -Theorie 147 f
Interglazial 148
Interstadial 148
IRD-Schichten 140
Isotope 148

J

Jahresschichtenanalyse 54
Joosten, Hans 62

K

Kaiser, Klaus 59 ff.
Kalibrierung 62, 144 ff.
Kalibrierungslücke, spätglaziale 59
Kastanien 21
Katastrophen 9, 81, 89
 kosmische 89, 121, 131
Katastrophismus 9, 129-138, 148 ff.
Kehdinger Moor 29
Kiefern 21, 46, 63-67, 76 f, 81, 119, 123, 127
 -chronologie 61
 -zeit 46
Klima
 -optima 85, 87

 -ozeanologie 139-142, 152
 -pessima 85, 87
 -'pumpe' 139
 -'sprünge' (-stürze, -depressionen) 79, 81-84, 86, 88, 90 f, 93 f, 139-142
 -veränderungen 75-78, 84, 94 f, 142
Koenigswald, Wighard v. 96 f
Koerber-Grohne, Udelgard 103
Koppisch, Dorothea 27
Korallen 81, 84
Kubitz, Beate 109
Küster, Hansjörg 45, 55, 61, 99, 105 f, 111, 114
Kuhn, Thomas S. 11

L

Laacher-See-Vulkan 47 f, 50
Lärchen 21, 65, 67
Lamb, Simon 79
Lambert, André 31
Lang, Gerhard 43, 49, 67, 69, 73, 79, 99, 111, 120
Lewis, John S. 138
Libby, Willard 36, 62
limnisch 148
Linden 19, 21, 46, 63 f, 94
Lister, G.S. 30
Local Pollen Assemblages Zones s. LPAZ
Löß 47, 148 f
LPAZ 53, 55
Lyell, Charles 129 f, 133, 144

M

Mainstream 8-12
Makrofossilien 19, 149
Makroreste 19
Martin, Paul S. 97
Marx, Christoph 8, 138
Meeresspiegelschwankungen 84
 katastrophale 81
Meerfelder Maar 58
Megaherbivoren 98, 150

Mesolithikum 95, 98-101, 117, 120 f
Mikroanalyse 17
Mikrofossilien 149
Mittelalter, dunkles 87, 92
Moor 22
    -alter 27
    -ausbruch 29
    -bildung 23
    Hoch- 25, 61
    Nieder- 25 f
    ombrogenes 23, 25
    topogenes 23, 25
    Wachstumsgeschwindigkeit 27, 34
    Zwischen- 25 f
Moräne 149
Mudden 26
Müller-Karpe, Hermann 101

N

Nachbestattung 29
Nacheiszeit 149
Naturschutz 97 f
Neokatastrophismus 149 f
Neolithikum 29, 89 ff., 95, 100 f, 103 f,
    106 f, 111 ff., 117
Niemitz, Hans-Ulrich 39, 58, 60, 62, 134
Nordatlantik 138-142
Nordhagen, Rolf 89

O

Oeschger, H. 81
organogen 150
Otto, Hans-Jürgen 67
Overbeck, Fritz 29, 49, 92, 93-98, 105
    ff., 127
Overkill-Hypothese 97 f

P

Paläoanthropologie 150
Paläolithikum 93 f, 96 f, 119
Paläontologie 150
Paläoökologie 150
Palynologie 19, 150

Pappel 65, 123
Paradigmenwechsel 12
Penck, Albrecht 57
Periglazialgebiet 150
Perret, Roger 27
Phantomzeitthese 92
Pitman, Walter 101
Pleistozän 150 u. passim
    -Ende s. Eiszeitende
Pollen 17, 151
    -analyse 17 ff., 92, 151
    -analytik 19
    -diagramm 21, 47, 49, 55 f, 105, 111
        f, 117, 151
    -erzeuger 21
    -grenze 21 f
    -körner 16
    -niederschlag 19 f
    -produktion 19
    -profile 9, 28, 34 f, 46
    -transport 19 ff.
    -zone 21, 49
Postglazial 151
Pott, Richard 45, 107, 114
Präboreal 46, 51, 119, 127
Primärproduktion 151

Q

Quartär 151 u. passim
    -botanik 13 ff., 58, 111

R

Radiokarbonmethode s. C14-Methode
Radiometrie 151
Rahmstorf, Stefan 141
Refugialgebiete 43 ff.
Rekurrenzfläche 61 f
Relikthypothese 124
rezent 151
Römerzeit 85
Roethlisberger, Friederich 33, 121
Rotbuchen 17, 68, 74, 115 ff.

Rudolph, Karl 13, 22, 49, 53, 67, 71 f,
   77 f, 123 f
Rückwanderwege 43
Rust, Alfred 93
Ryan, William 101

S

Samenverbreitung 122
Sarnthein, Michael 140
Sauerstoff-Isotopen-Analyse 78, 80, 82
   ff., 86, 93, 142, 152
Schatthölzer 63 f, 108 f, 113
Schibler, Jörg 90
Schichtfolgen 130
schluffig 148
Schlussgesellschaft 65
Schmidt, Burghardt 87 f
Schöpfungsgeschichte 129
Schotterdecke 89
Schütrumpf, Rudolph 87, 105
Schwaar, Jürgen 99
Schwabedissen, Hermann 62
Sedimente s. Ablagerungen
Sernander, R. 49, 51 f
Shapley, Harlow 136
Siedlungszeiger 111
Simultanitätsprinzip 39
Sington, David 79
Sintflut 129 ff.
Smolla, Günter 88
Spätglazial 152
Spencer, Harold 136
Sporen 17, 152
Sporomorphe 17, 152
Stadial 152
Stieleichen 47
Straka, Herbert 75, 78, 83
Stratigraphie 140, 152
Studium Integrale 134
Subatlantikum 29, 35, 51 f, 62, 92, 111
Subboreal 29, 35, 51 f, 90, 94, 105 ff.,
   111, 128
submontan 152

Succow, Michael 62
Suess, Hans-Eduard 36
Sukzession
   Geschwindigkeit 65
   natürliche 26, 67, 95, 97, 109, 117,
      126, 149

T

Tannen 21, 46, 63 f, 69, 72 f, 94, 108 ff.,
   125
Temperaturschwankungen 77
Tephra 47, 50
Tephrochronologie 30, 48
thermohalin 152
Tiefenströmung 140 f
Torf 22 f
   -moor 9, 24
   -profil 27
   Schwarz- 88
   Weiß- 88
Transportvektoren 71
Traubeneichen 47
Türk, Winfried 117
Two-Creek-Forest 93

U

Überwinterungshypothese 124
Ulmen 19, 46 f, 63 f, 72, 94, 104-110,
   115, 127
   -fall 105, 109
   -splintkäfer 109
Uniformitarismus 152
Uran-Thorium-Methode 59
Urey, Harold 79, 132
Urnenfelderzeit 89

V

Vegetationsentwicklung 44, 51
Velikovsky, Immanuel 9, 57, 89, 121,
   132-138, 150
Verlandung 24, 26
Völkerwanderung 85
Vulkaneifel 18

W

Waldgeschichte 13 f, 35 u. passim
Waldsterben 7
Walensee 31
Warven 30 ff., 57, 153
    klastische 31
    organogene 31
    -profil 58
Weberscher Grenzhorizont 62
Weiden 64
Weiserjahr 37, 145
Weißtannen 46
Wiederbewaldung passim
Woillard, Geneviève 9, 34
Würm-Glazial 34, 42 f, 81, 153

Z

Zeitdiktat 15, 41, 67, 76, 93, 126, 153
Zeitensprünge 134
Zeitskala 134 f, 146 u. passim
Zimmermann, Andreas 96
Zirkulation, thermohaline 152
Zoller, Heinrich 9
Züchner, Christian 62
Zufallssprünge 123
Zyklenprinzip 131

IT&W · Verlagsprogramm

Der Verlag bringt Bücher aus den Bereichen Technik und Wissenschaft als Druck, auf CD-ROM und für eBooks. Unsere Titel informieren über wissenschaftliche und technische Inhalte aus ungewohnten und vernachlässigten Blickwinkeln. Die lieferbaren Titel sind zur Zeit:

Eno Pertigen (^{2}2000): »Der Teufel in der Physik. Eine Kulturgeschichte des Perpetuum mobile«
ISBN 3-934378-50-1 · Broschur 14.8 x 21.0 cm · 232 Seiten · 32 Abbildungen · Personen-/Sachregister · € 20,- / 38,- SFr

Christian Blöss (2000): »Ceno-Crash. Neue Überlegungen zum Ursprung und zum Alter des Menschengeschlechtes«
ISBN 3-934378-51-X · Broschur 14.8 x 21.0 cm · 232 Seiten · 56 Abbildungen · Personen-/Sachregister · € 20,- / 38,- SFr

C. Blöss / H.-U. Niemitz (^{2}2000): »C14-Crash. Das Ende der Illusion, mit Radiokarbonmethode und Dendrochronologie datieren zu können«
ISBN 3-934378-52-8 · Broschur 14.8 x 21.0 cm · 408 Seiten · 102 Abbildungen · Personen-/Sachregister • € 25,- / 48,- SFr

Alle Titel sind auch als PDF-Dateien (MS-Windows) auf CD-ROM zum Preis von DM 24,80 inkl. Versand direkt beim Verlag erhältlich. Wir versenden gegen Rechnung. Bitte beachten Sie die Darstellung des aktuellen Programms auf der Website des Verlages: http://www.itetw.de

Mantis Verlag

Fax 089-87139139 <mantisillig@gmx.de> (Preise incl. Versandkosten)

Gunnar Heinsohn (^{3}2000): Wie alt ist das Menschengeschlecht?
Stratigraphische Grundlegung der Paläoanthropologie und der Vorzeit
(^{1}1991) 158 S. / 42 Abb. / Paperback (= Pb.) / € 11,25

Gunnar Heinsohn (^{3}1999): Assyrerkönige gleich Perserherrscher!
Die Assyrienfunde bestätigen das Achämenidenreich
(^{1}1992) 276 S. / 85 Abb. / Pb. / € 18,41 (für ZS-Abonnenten € 16,-)

Gunnar Heinsohn (^{2}1997): Wer herrschte im Industal?
Die wiedergefundenen Imperien der Meder und Perser
(^{1}1993) 102 S. / 43 Abb. / Pb. / € 10,23

Gunnar Heinsohn · Heribert Illig (^{3}1999): Wann lebten die Pharaonen?
Archäologische und technologische Grundlagen für eine Neuschreibung der
Geschichte Ägyptens und der übrigen Welt
(^{1}1990) 503 S. / 192 Abb. / Pb. / € 27,61 (für ZS-Abonnenten € 24,-)

Heribert Illig · Gerhard Anwander (2002): Bayern und die Phantomzeit.
Archäologie widerlegt Urkunden des frühen Mittelalters. Eine systematische Studie in
2 Teilen
960 S. / 346 Abb. / 2 Pb. / € 49,80 (für ZS-Abon nenten € 45,-)

**Heribert Illig · Franz Löhner (^{4}1999): Der Bau der Cheopspyramide nach der
Rampenzeit**
(^{1}1993) 270 S. / 127 Abb. / € 18,41 (für ZS-Abonnenten € 16,-)

Franz Siepe (2002): Fragen der Marienverehrung.
Anfänge · Frühmittelalter · Schwarze Madonnen
240 S. / 16 Abb. / Pb. / € 17,90 (für ZS-Abon nenten € 15,-)

**Reinhard Sonnenschmidt (1994): Mythos, Trauma und Gewalt in archaischen
Gesellschaften**
131 S. / 25 Abb. / Pb. / € 11,25

Alfred Tamerl (1999): Hrotsvith von Gandersheim.
Eine Entmystifizierung
327 S. / 17 Abb. / Pb. / € 20,40 (für ZS-Abonnenten € 18,-)

Zeitensprünge. Interdisziplinäres Bulletin (= ZS)
Quartalszeitschrift mit ca. 700 S. pro Jahr / 2002 = 14. Jahrgang / jährlicher Bezug,
ohne Kündigungsfrist / Inland € 37,50 / Ausland € 40,-